CELEBRAÇÃO DO DOMINGO AO REDOR DA PALAVRA DE DEUS

Coleção Celebrar

- *A arte floral a serviço da liturgia* – Jeanne Emard
- *A fé celebra a vida* – Frei Benjamim Berticelli
- *A missa: memória de Jesus no coração da vida* – Ione Buyst
- *Celebração do domingo ao redor da Palavra de Deus* – Ione Buyst
- *Celebrar com símbolos* – Ione Buyst
- *Equipe de liturgia* – Ione Buyst
- *Festa do batismo: da vivência de rua à vida em comunidade* – Ione Buyst e Equipe da Casa das Mangueiras
- *Preparando a Páscoa: Quaresma, Tríduo Pascal, Tempo Pascal* – Ione Buyst
- *Preparando Advento e Natal* – Ione Buyst
- *Símbolos cristãos: os sacramentos como gestos humanos* – Michel Scouarnec
- *Símbolos na liturgia* – Ione Buyst
- *Sinais, palavras e gestos na liturgia: da aparência ao coração* – Balthasar Fischer

Ione Buyst

CELEBRAÇÃO DO DOMINGO AO REDOR DA PALAVRA DE DEUS

2ª edição - 2006

Dados Internacionais de Catalogação na Publicação (CIP)
(Câmara Brasileira do Livro, SP, Brasil)

> Buyst, Ione
> Celebração do domingo ao redor da Palavra de Deus / Ione Buyst.
> – São Paulo : Paulinas, 2002. – (Coleção Celebrar)
>
> ISBN 85-356-0848-6
>
> 1. Celebrações litúrgicas 2. Domingo 3. Igreja Católica – Liturgia
> 4. Palavra de Deus (Teologia) I. Título. II. Série.
>
> 02-3213 CDD-263.3

Índice para catálogo sistemático:
1. Domingo : Celebração litúrgica : Cristianismo 263.3

Citações bíblicas: Bíblia Sagrada. Edição Pastoral. São Paulo, Paulus, 1985.

Nenhuma parte desta obra poderá ser reproduzida ou transmitida por qualquer forma e/ou quaisquer meios (eletrônico ou mecânico, incluindo fotocópia e gravação) ou arquivada em qualquer sistema ou banco de dados sem permissão escrita da Editora. Direitos reservados.

Paulinas
Rua Pedro de Toledo, 164
04039-000 – São Paulo – SP (Brasil)
Tel.: (11) 2125-3549 – Fax: (11) 2125-3548
http://www.paulinas.org.br – editora@paulinas.org.br
Telemarketing e SAC: 0800-7010081
© Pia Sociedade Filhas de São Paulo – São Paulo, 2002

SUMÁRIO

Prefácio 9
Introdução à 1ª edição (1988) 11
Introdução à edição de 2002 revista e atualizada 15
Siglas usadas 17

I. COMUNIDADES CELEBRAM O DOMINGO 19
   1. A Igreja que nasce do povo, pelo Espírito de Deus 19
   2. Uma liturgia de "cara nova" 22
   3. Domingo, dia do Senhor 25
   4. Participar do mistério pascal de Jesus Cristo 30
   5. Missa: a celebração mais apropriada para o domingo 32
   6. Celebração da Palavra 34
   7. Celebração da Palavra com distribuição da comunhão 37
   8. Celebração da Palavra com refeição fraterna 43

II. A ASSEMBLÉIA LITÚRGICA 49
   1. Encontro de irmãos e irmãs 49
      1.1. Acolhimento mútuo 51
      1.2. Apresentação de algumas pessoas 51
      1.3. Lembrar os ausentes 52
      1.4. Momentos de entrosamento 52
      1.5. Cantar juntos 53
      1.6. Oração em comum 53

  1.7. Abraço da paz 53
  1.8. A coleta: tudo em comum 55
  1.9. Colocação dos assentos 59
  1.10. Avisos 59
 2. Encontro do povo com Deus 60
  2.1. É Deus quem convoca 60
  2.2. Não estamos sós 60
  2.3. O Esposo e a esposa 61
  2.4. É uma questão de fé 61
  2.5. Os ritos iniciais 62
  2.6. Este chão é sagrado 65
 3. Um corpo comunitário 65
  3.1. Vários dons e carismas 65
  3.2. A equipe de liturgia 66
  3.3. A presidência 66

III. A PALAVRA DE DEUS 69
 1. A comunidade 71
 2. A Bíblia 72
  2.1. Escolha da leitura 72
  2.2. Leituras não bíblicas? 73
  2.3. Leitor e ouvintes 73
  2.4. O salmo de resposta 74
 3. A vida 74
  3.1. Leitura crítica da realidade 74
  3.2. Painéis, testemunhos, narrativas, recordação da vida 75
  3.3. A homilia, partilha da Palavra 76
 4. Comunidade, Bíblia, vida 79

IV. A ORAÇÃO DA IGREJA-COMUNIDADE 81
 1. Pai-nosso 81
 2. Salmos, hinos, cânticos 83
 3. Aclamações e refrões meditativos 86
 4. Profissão de fé 87
 5. Preces, intercessão: oração dos fiéis e outras ladainhas 88

6. Rito penitencial 96
7. Orações do tipo coleta 100
8. Louvor e ação de graças 102
    8.1. O louvor na Bíblia 102
    8.2. Viver em ação de graças 103
    8.3. Louvor e ação de graças na celebração 104
9. Canto e música 108
10. Silêncio 110
11. Bênçãos 112
12. Canto a Maria 113

V. AÇÕES, GESTOS, RITOS, SÍMBOLOS 117
    1. O corpo na liturgia 117
    2. Simbolizar 119
    3. Liturgia: uma ação simbólica 120
    4. É preciso ter a chave 121
    5. Nem rotina, nem só novidades, mas um acontecimento de fé 122
    6. Atitudes do corpo 123
    7. Movimentos, gestos, ações 125
    8. Objetos simbólicos 127
    9. As pessoas 128
    10. Usando todos os sentidos 129

VI. A SEQÜÊNCIA DA CELEBRAÇÃO 131
    1. Dois esquemas básicos 133
        1.1 Celebração da Palavra 133
        1.2 Ofício Divino (liturgia das Horas) 133
    2. Destaques para vários tempos e festas do ano litúrgico 135

ANEXO: ROTEIRO DE CANTOS PARA A CELEBRAÇÃO
DOMINICAL DA PALAVRA DE DEUS 139
    1. Abertura; refrão meditativo 139
    2. Aspersão com água 140
    3. Rito penitencial 140
    4. Senhor, tende piedade... 141

5. Glória 141
6. Refrões para iniciar a liturgia da Palavra 141
7. Salmos e cânticos bíblicos 142
8. Aclamação ao Evangelho 143
9. Canto após a homilia 144
10. Profissão de fé 144
11. Oração da comunidade 144
12. Coleta 144
13. Ação de graças, louvação 145
14. Canto para pedir ou desejar a paz 145
15. Pai-nosso 145
16. Apresentação do pão eucarístico 146
17. Cantos de comunhão 146
18. Cantos para a refeição fraterna 147
19. Hino de louvor — Cântico de Zacarias, Maria, Simeão... 147
20. Bênção, despedida, envio... 147
21. Homenagem a Maria, mãe de Jesus. 148

Índice temático 149

PREFÁCIO

Ione Buyst publica mais um volume de sua coleção litúrgica, desta vez sobre a "Celebração da Palavra de Deus".

O tema não podia ser mais atual, porque num país com poucos padres como o Brasil, a celebração da Palavra de Deus é o único meio de promover o Culto Dominical e de cumprir o 3º mandamento da Lei de Deus na grande maioria das nossas comunidades. Como Ione diz, essas comunidades teriam o direito de ter quem celebrasse, em seu meio, a Eucaristia. Mas, já que não existem ministros ordenados em número suficiente, a solução é a celebração da Palavra de Deus.

A celebração da Palavra de Deus, presidida por um diácono ou por leigos, homens ou mulheres, é um ato oficial da liturgia da Igreja, como o estabelece a Constituição Conciliar sobre a liturgia. É autêntica celebração litúrgica. Por isso, merece destaque o que Ione escreve no capítulo I, item 6, concluindo sua exposição sobre "Celebração da Palavra".

Acontece que a celebração da Palavra de Deus, tão nobre e importante, permite uma total criatividade, dentro, é claro, dos limites impostos pela própria natureza da celebração. E até agora estamos, na maior parte das vezes, sem saber o que fazer, seguindo o folheto da missa, com o perigo de confundir a mente do povo, ou lendo maquinalmente folhetos especializados, mas desligados da realidade da comunidade que celebra. Ione, com esta obra, vem sanar uma lacuna.

Este livro não somente apresenta, em sua parte final, esquemas de celebração, que são apenas sugestões, mas, em todo o seu decurso, fornece-nos o "espírito" e o "corpo" da celebração.

Este brilhante trabalho de Ione se notabiliza por sua inspiração bíblica. As palavras das Escrituras voltam constantemente, como pano de fundo, mostrando que a autora está profundamente familiarizada com a Palavra de Deus. E é evidente que essa fundamentação bíblica é da maior importância num trabalho desta natureza.

Forçoso é ainda salientar o alto nível espiritual desta publicação. Não se trata apenas de um livro técnico, de explicações e definições, mas de uma obra que é fruto da oração e que leva à oração.

Por tudo isso, é um livro precioso que vai ajudar muitíssimo a renovação litúrgica no Brasil, desbravando o campo ainda pouco trabalhado da celebração da Palavra de Deus, cujo alcance pastoral é imenso.

Com minha experiência de 26 anos de bispo, eu afirmo que sem a Celebração da Palavra de Deus não teremos verdadeiras Comunidades Eclesiais de Base, e que, sem estas, o povo brasileiro, em grande parte, não conservaria a fé católica. Daí a importância deste livro, não só para a liturgia da Igreja como para a Pastoral, que dela é inseparável.

† *Clemente José Carlos Isnard*, osb
Bispo de Nova Friburgo, 1988

INTRODUÇÃO À 1ª EDIÇÃO (1988)

- *Para quem foi escrito este livro?*
- *Como foi feito?*
- *Como deve ser usado?*

Muito mais de cem mil comunidades se reúnem semanalmente no Brasil para louvar o domingo com uma celebração da Palavra. Às vezes distribuem também a comunhão.

Elas se reúnem em capelas rurais ou de bairro, em oficinas e garagens, em praças, nas ruas ou debaixo de um alpendre; debaixo de uma árvore ou ao redor de um cruzeiro, na periferia das cidades, nas favelas, nos cortiços e alagados; em fazendas, nas matas, nas praias, nos acampamentos dos sem-terra...

Foi pensando nessas comunidades que este livro foi escrito, principalmente como ajuda aos agentes de pastoral que as acompanham: leigas e leigos, religiosas e religiosos, seminaristas, diáconos, padres e bispos.

Não foi fácil decidir a seqüência dos capítulos. De modo geral, todos procuram coisas práticas, fáceis de serem usadas. Talvez quisessem encontrar uma descrição da celebração do domingo, parte por parte, como quando alguém entra numa casa e recebe uma explicação de cada cômodo. Preferimos seguir um outro caminho: a casa não está pronta ainda. Entregamos o material, damos muitas sugestões de como esse material pode ser mais bem usado; mostramos até algum esquema, alguma "planta" de como a casa pode ser montada. Mas cada comunidade, ou região, ou diocese deverá fazer a "construção" de acordo com sua realidade e seguindo a orientação do Espírito que sopra onde quer e que presenteia as Igrejas com a riqueza e a variedade de seus dons.

Na primeira parte lembramos as comunidades de base, sua nova maneira de ser Igreja e de celebrar a liturgia, que se tornou exemplo e estímulo de renovação para todos nós. Lembramos o sentido do domingo para os cristãos e como participamos do mistério pascal. Analisamos o valor da celebração da Palavra e a problemática da distribuição da comunhão fora da missa, aos domingos.

Nas quatro partes seguintes, que são as mais elaboradas, tratamos dos elementos necessários para se organizar uma celebração litúrgica, seu significado e a maneira prática de lidar com esses elementos: a assembléia litúrgica; a Palavra de Deus; a oração da Igreja-comunidade; ações, gestos, ritos, símbolos. Temos a certeza de que estes assuntos interessarão a todos aqueles que lidam com liturgia, seja nas paróquias, seja nas comunidades.

Na última parte apresentamos possíveis esquemas para a celebração do domingo.

Cada parte termina com uma série de perguntas, porque o nosso objetivo não é apenas informar, mas provocar um aprofundamento e revisão da prática de cada um.

Para facilitar a procura de um determinado assunto que, às vezes, é tratado em várias partes do livro, acrescentamos um índice temático em ordem alfabética.

O assunto em pauta levanta sérios problemas litúrgico-teológicos: domingo sem missa, comunhão sem oração eucarística..., que foram pouco trabalhados até o presente momento. Por isso, vimo-nos na obrigação de abordá-los, antes de tratar dos aspectos práticos. Em conseqüência disso, o livro se tornou um pouco mais volumoso.

Embora as notas de rodapé possam confundir os leigos menos acostumados, elas são necessárias para quem pretende aprofundar mais uma ou outra questão.

Este livro faz parte de uma coleção. Supõe-se que os leitores conheçam os outros volumes, em que encontrarão assuntos complementares e absolutamente necessários para quem lida com a celebração do domingo em torno da Palavra: nº 1: *Equipe de liturgia*; nº 2: *Preparando Advento e Natal*; nº 3: *Preparando a Páscoa*.

Muitas pessoas e comunidades ajudaram indiretamente, durante muitos anos, para que este livro fosse escrito do jeito que está:

1) as muitas comunidades que tivemos a oportunidade de acompanhar mais de perto e com as quais pudemos procurar novas maneiras de celebrar. Gostaríamos de lembrar de modo especial as sete comunidades da paróquia *Jesus de Belém*, em Ribeirão Preto (desde o início do funcionamento dos conjuntos habitacionais, em 1981), e a *Casa de Oração da Comunidade dos Sofredores de Rua*, em São Paulo (desde abril de 1986);

2) as equipes de liturgia e os agentes de pastoral de comunidades, paróquias e dioceses com os quais pudemos aprofundar o assunto em inúmeros contatos e encontros, principalmente na região de Ribeirão Preto, Campinas e outros lugares no Estado de São Paulo e no Brasil;

3) os estudantes da Faculdade de Teologia da Puccamp, em Campinas (1982-88).

De todos eles e de vocês, leitores, aguardamos sugestões, críticas e observações.

A autora

INTRODUÇÃO À EDIÇÃO DE 2002 REVISTA E ATUALIZADA

Desde a 1ª edição deste livro, no ano de 1988, e ao longo de oito edições por outra editora, vários fatos vêm marcando a prática da celebração dominical da Palavra de Deus:

1) Documentos do magistério da Igreja vieram estimular o estudo e orientar a prática dessa celebração: o *Diretório para celebrações dominicais na ausência do presbítero* (Congregação para o Culto Divino, Roma, jun. 1988); *A animação da vida litúrgica no Brasil* (CNBB, doc. 43, 1989), com uma significativa referência a essas celebrações, nos itens 93-102, e referências à celebração do domingo, dia do Senhor, nos itens 113-120; *Orientações para a celebração da Palavra de Deus* (CNBB, doc. 52, 1994), todo ele dedicado ao assunto; a Carta Apostólica *Dies Domini,* sobre a santificação do domingo (João Paulo II, 1998), com um riquíssimo aprofundamento sobre o sentido do domingo, e, no item 53, uma breve referência às comunidades impedidas de celebrar a Eucaristia).

2) Outros estudos vieram aprofundar o sentido do domingo, entre os quais destacamos: *Domingo, dia do Senhor* (Rede Celebra, 1997); *O domingo, páscoa semanal dos cristãos*: elementos de espiritualidade dominical para as equipes de liturgia e o povo em geral (José Ariovaldo da Silva, 1998). Embora não focalizando diretamente a celebração dominical da Palavra, outros dois números da coleção "Equipe de liturgia", que foram escritos depois, merecem ser consultados: nº 4, *A missa;* memória de Jesus no coração da vida (1997)*,* e o nº 6, *Liturgia, de coração;* espiritualidade da celebração (1994).

3) Novos livros litúrgicos e outros subsídios estão facilitando e enriquecendo o trabalho das equipes na preparação e celebração dessa festa primordial dos cristãos, que é o domingo, páscoa semanal: *Ofício Divino das Comunidades* (1988); *Dia do Senhor;* guia para as celebrações das comunidades: Tempo Comum, Ano A, B e C e *Dia do Senhor*; Ciclo Pascal ABC, de Marcelo Guimarães e Penha Carpanedo, Paulinas, 2001; *Hinário Litúrgico,* fasc. 3, com as músicas para os domingos do Tempo Comum, anos ABC (CNBB, 1991); *Lecionário dominical, ano ABC* (1994); *Celebração da Palavra de Deus* (CNBB, Subsídios, 3, 1995).

4) Por fim, a criação da *Rede Celebra* (dezembro, 1995) — que atua sobretudo na formação litúrgica das comunidades de base — e a própria experiência de 70% das assembléias dominicais vêm sugerir o acréscimo de novos aspectos e a eliminação de alguns outros.

Assim, com seus mais de 16 mil exemplares espalhados pelo Brasil, este escrito mereceu uma boa revisão e atualização. Foram levados em conta os fatos citados acima; o texto foi enriquecido (por exemplo, com mais informações e/ou sugestões sobre a recordação da vida, o uso do incenso, a dança, a aspersão com água, refrões meditativos, a presidência...), no entanto, sem alterar demais a estrutura do livro, o que dificultaria o seu uso nas comunidades, no confronto com as edições anteriores.

Foram feitas duas alterações substanciais:

a) O texto sobre a refeição fraterna foi deslocada do 2º para o 1º capítulo.

b) O último capítulo com a seqüência e os esquemas de celebração foi quase todo renovado. No lugar dos sete esquemas das edições anteriores, encontram-se, simplificados, apenas dois, com suas alternativas (com distribuição da sagrada comunhão e refeição fraterna) e destaques para vários tempos e festas do ano litúrgico. Há ainda um anexo com um *Roteiro dos cantos para a celebração dominical da Palavra de Deus*.

Esperamos assim contribuir para que o povo possa cantar louvores a Deus, maravilhar-se com o que o Senhor vem realizando na história sofrida da humanidade, encontrar a força e o bálsamo necessários na atualização ritual do mistério pascal do Senhor, para continuar na caminhada, para viver e testemunhar a ressurreição.

Ione Buyst, agosto de 2001.

SIGLAS USADAS

CEB — Comunidade Eclesial de Base.

CELAM — Conselho Episcopal latino-americano.

CNBB — Conferência Nacional dos Bispos do Brasil.

DS — *Dia do Senhor.* (Encarte da *Revista de liturgia*, São Paulo; publicado também em livro: CARPANEDO, Penha & GUIMARÃES, Marcelo. *Dia do Senhor;* guia para as celebrações das comunidades. Vários volumes. São Paulo, Apostolado Litúrgico/Paulinas).

H1,2,3,4 — CNBB, *Hinário Litúrgico,* 4 fascículos. São Paulo, Paulus.

ODC — VV. AA. *Ofício Divino das Comunidades.* 12ª ed. São Paulo, Paulus, 2002.

RL — Revista de liturgia: *A Vida em Cristo e na Igreja*, São Paulo, Apostolado litúrgico, 1973-.

SC — Constituição Conciliar *Sacrosanctum Concilium* — Sobre a sagrada liturgia, São Paulo, Paulinas.

Domingo, dia da ressurreição do Senhor Jesus.

I

COMUNIDADES CELEBRAM O DOMINGO

1. A Igreja que nasce do povo, pelo Espírito de Deus[1]

Neste imenso Brasil, quantas comunidades de base não teriam nascido nestes últimos trinta a quarenta anos? Fala-se em mais de 100 mil comunidades que "constituem hoje, em nosso país, uma realidade que expressa um dos traços mais dinâmicos da vida da Igreja".[2] É por isso que outras comunidades que não se denominam "de base" — como, por exemplo, inúmeras capelas rurais, assim como outros setores da Igreja — têm-se beneficiado com a experiência das CEBs. É que o caminho trilhado por elas abre novas perspectivas que constituem uma conquista e uma grande riqueza. As CEBs estão nos ensinando "um novo modo de ser Igreja".[3] Por quê? Em que consiste essa novidade?

---

[1] Tema do 1º Encontro Intereclesial das CEBs, Vitória, 1975.

[2] CNBB. *Comunidades eclesiais de base na Igreja do Brasil.* 3. ed. São Paulo, Paulinas, 1984 (doc. n. 25), p. 5, item 1.

[3] Ibid., item 3.

- Trata-se de uma Igreja "caseira", "doméstica", uma Igreja de irmãos: as pessoas se reúnem nas casas, numa capela, num salão, debaixo de uma árvore... Têm entre si um relacionamento espontâneo, informal, pessoal e fraterno.

  Interessam-se uns pela vida dos outros. Uns ajudam os outros. Partilham as angústias e as alegrias, as necessidades e as conquistas, os sofrimentos e as coisas boas da vida.

- É a Igreja dos pobres, feita de gente humilde — como operários, lavradores, pequenos comerciantes, bancários — e também de gente desempregada, de muita gente oprimida e marginalizada que mora na zona rural, na mata, na periferia das cidades, nos cortiços e na rua, nos alagados...

  As comunidades são também um dos meios de o povo pobre e oprimido se organizar e articular.

  São um sinal vivo do amor e da preocupação de Deus pelos pobres. Hoje, Jesus continua reunindo os pobres para dizer e provar que o Reino de Deus, que é para os pobres, chegou.

- É uma Igreja mais "leiga" e participativa. É a Igreja que se redescobriu como Povo de Deus, povo régio e sacerdotal, povo profético e todo ele ministerial. Todo o povo, e não apenas os ministros, sente-se responsável pela vida, organização, liturgia, catequese e missão da comunidade. Os dons de Deus se expandem e dão frutos. Pessoas que antes nem sabiam o que é liturgia, e que provavelmente nunca teriam chance de fazer sequer uma leitura na missa paroquial, agora estão coordenando e preparando celebrações, com muita criatividade e desembaraço. Outras assumem responsabilidades na pastoral da terra, da família, da saúde, do trabalho... É o próprio povo assumindo os "ministérios", isto é, os serviços necessários à vida e à missão da Igreja.

- Junto com o povo pobre entrou também na Igreja a vida dos pobres, com seus problemas, suas necessidades, suas esperanças. Fé e vida estão inseparavelmente ligadas. E, assim, a Igreja se tornou profética, denunciando a fome, a miséria, os desmandos; combatendo as injustiças que levam o povo à morte, à subvida, à submissão e anunciando o Evangelho do Reino que Deus destinou aos pobres, para que tenham, enfim, vida; vida em abundância. A fé e a confiança no Deus da vida, que ressuscitou Jesus dos mortos, leva as comunidades a se engajarem na luta por mais vida, por uma sociedade justa e fraterna, por meio dos sindicatos, das ONGs, do movimento popular, da união e da solidariedade com os mais fracos. A preocupação com o religioso se mistura com a preocupação pelo social e pelo político.

- Deus quer libertar o seu povo. Seu filho, Jesus Cristo, chegou ao ponto de dar sua vida por isso: foi morto na cruz injustamente. Como Jesus, a Igreja dos pobres está sendo perseguida. Tornou-se uma Igreja sofredora, uma Igreja de mártires. Quantos lavradores, operários, advogados e outros leigos engajados, quantos religiosos e religiosas, quantos padres e bispos... não foram perseguidos, difamados, ameaçados, presos, torturados, assassinados... por causa de sua luta por mais vida em nome do Evangelho? Dizem que o martírio é sinal da maturidade de uma Igreja.
- As comunidades não vivem fechadas e isoladas: procuram contato umas com as outras: há muitas visitas e muitos encontros intereclesiais locais, regionais, nacionais e continentais. Estão entrosadas com a pastoral da Igreja local e da CNBB regional e nacional.

Realmente, essas comunidades — que são a Igreja que nasce das bases pelo poder do Espírito de Deus — são um presente de Deus para a nossa época. E um grande sinal de seu carinho e seu amor por nós.

Vários documentos oficiais da Igreja reconhecem a importância e o grande valor das pequenas comunidades, sejam "de base" ou outras.

No nº 26 da Constituição Conciliar *Lumen Gentium*, lemos: "Em todas as legítimas comunidades locais de fiéis que, unidas aos seus pastores, são também no Novo Testamento chamadas de 'igreja', está verdadeiramente presente a Igreja de Cristo [...]. Estas são, em seu lugar, o povo novo, chamado por Deus no Espírito Santo e em grande plenitude [...]. Nessas comunidades, embora muitas vezes pequenas e pobres, ou vivendo na dispersão, está presente o Cristo, por cuja virtude se consorcia a Igreja una, santa e apostólica".

O documento de Medellín (1968) diz que a CEB deve "responsabilizar-se pela riqueza e expansão da fé, como também pelo culto, que é a sua expressão. É ela [...] célula inicial da estruturação eclesial e foco de evangelização e atualmente fator primordial da promoção humana e desenvolvimento" (15,10).

O documento de Puebla (1979) tentou definir melhor a eclesialidade das pequenas comunidades: "é comunidade de fé, esperança e caridade; celebra a Palavra de Deus e se nutre da Eucaristia, ponto culminante de todos os sacramentos, realiza a Palavra de Deus na vida, através da solidariedade e compromisso com o mandamento novo do Senhor, e torna presente e atuante a missão eclesial e a comunhão visível com os legítimos pastores, por intermédio do ministério de coordenadores aprovados" (641).

O documento nº 62 da CNBB, *Missão e ministério dos cristãos leigos e leigas* (1999), destaca a importância das comunidades principalmente na pastoral urbana, como meio de renovação paroquial, possibilitando verdadeiras relações humanas e o acolhimento de grupos ou serviços específicos. (Vejam item 125.)

2. Uma liturgia de "cara nova"

Numa Igreja, assim, de "cara nova", tinha de nascer também uma liturgia de "cara nova":

- uma liturgia "caseira", doméstica; mais espontânea e familiar, viva e criativa;
- uma liturgia assumida pelos leigos e leigas;
- uma liturgia ligada com a vida, expressão da caminhada do povo, fonte de onde brota a esperança e a fé para continuar a luta pela libertação e pela cidadania:

É a celebração dos acontecimentos bonitos da vida, sinais da graça de Deus no meio de nós: nascimentos, aniversários, bodas de prata, recuperação de doença [...]. É a celebração de solidariedade e conforto, nos momentos duros e difíceis: doenças, mortes, desemprego [...]. É a celebração da resistência e esperança, quando a comunidade se sente desafiada na sua tarefa profético-transformadora e enfrenta, concretamente, as forças da dominação e opressão: nos despejos, nas lutas de bairro, nas perseguições políticas, nas lutas sindicais;[4]

---

[4] Equipe de liturgia da Arquidiocese de Vitória. *RL*, n. 59, p. 22, set./out. 1983.

- uma liturgia que expressa o conflito social que marca dolorosamente a vida do pobre, vítima das injustiças, vítima da cobiça e da violência dos grandes;
- uma liturgia que celebra Jesus Cristo a partir da vida; que festeja e agradece a Deus e ao Cristo Libertador pelas conquistas do povo, pequenos sinais da chegada do Reino entre nós;
- uma liturgia de compromisso com Deus na comunidade, para a construção de uma sociedade justa e fraterna;
- uma liturgia popular que assume a cultura do povo: o modo de falar, de pensar, de enfeitar, de rezar, de cantar, de tocar, de adorar...;
- uma liturgia atenta à advertência dos profetas que, em nome de Deus, rejeitam liturgias alienadas:

Eu detesto e desprezo as festas de vocês; tenho horror dessas reuniões. Ainda que vocês me ofereçam sacrifícios, suas ofertas não me agradam, nem olharei para as oferendas gordas. Longe de mim o barulho de seus cânticos, nem quero ouvir a música de suas liras. Eu quero, isto sim, é ver brotar o direito como água e correr a justiça como riacho que não seca (Amós 5,21-24).

Vejam também: Isaías 58; Miquéias 6,6-8; Eclesiástico 34,18-22.

Em um dos documentos do Celam se diz:

A comunidade cristã de base, em sua liturgia, revive a experiência cristã da Igreja primitiva: a reunião dos cristãos nas casas para a leitura da Bíblia, a pregação dos apóstolos, a celebração da Eucaristia e a comunhão fraterna. (Compare Atos 2,42.) Não se trata de voltar ao antigo por ser antigo, mas de captar o espírito dos primeiros cristãos e vivê-lo conforme nossos tempos: a um contexto novo, corresponde uma expressão litúrgica nova.[5]

Mais adiante, lemos no mesmo documento:

---

[5] Celam, Departamento de Liturgia. Encontro de reflexão para presidentes e secretários das Comissões Nacionais de liturgia dos países latino-americanos, Medellín, 1972 (documento n. 5, item 24). In: CELAM. *Liturgia para a América Latina:* documentos e estudos. São Paulo, Paulinas, 1977. p. 63.

Somente em comunidades vivas que estejam vinculadas a uma realidade humana concreta será possível celebrar uma liturgia viva. É necessário que essas comunidades, no que diz respeito à orientação litúrgica da Igreja, caminhem recriando e reformulando uma liturgia que assuma a própria realidade (vivências, problemas e realizações) e a expressem com sinais adequados a um povo em processo de libertação: cantos, linguagem, preces, releitura da Bíblia enraizada em nosso hoje e na fraternidade de nossos povos [...]. A Eucaristia, nas comunidades cristãs de base, exige um estilo de celebração que não seja a transladação da Missa Paroquial para a casa: a ornamentação, a linguagem, os utensílios e demais sinais estarão em consonância com o ambiente.[6]

As comunidades gostam de celebrar. Celebram e rezam muito... Qualquer tipo de acontecimento se torna uma ocasião para reunir o povo e rezar: as festas da liturgia oficial, as festas da religiosidade popular, um aniversário, um falecimento, um casamento, a vitória de uma luta popular, a Campanha da Fraternidade, o enterro de mais um mártir...

Entre essas muitas celebrações existe uma, toda especial, à qual será dedicado este livro: a celebração do domingo. A equipe de liturgia da Arquidiocese de Vitória, no Espírito Santo, constata, depois de longos anos de experiência: "Sempre dizemos que através da celebração dominical de uma comunidade se conhece sua dinâmica, seu grau de consciência e compromisso, a intensidade de sua fé".[7]

Mas, afinal, por que a celebração do domingo é tão importante para uma comunidade? A seguir, vamos tentar lembrar o que significava o domingo para os primeiros cristãos e o que deve significar para nós.

---

[6] Ibid., itens 35, 36 e 42, pp. 67-69.

[7] CEBs e liturgia. *RL*, n. 59, p. 22, set./out. 1983.

3. Domingo, dia do Senhor

No tempo de Jesus não existia o domingo. Só havia o sábado, que era o dia em que ninguém trabalhava. Um dia em que se realizava o mínimo de atividades. Um dia de descanso também para os escravos e os animais. Um dia dedicado ao Senhor Deus que criou todas as coisas e fez aliança com seu povo.

Em Deuteronômio 5,12-15, o descanso do sábado é também relacionado com o fim da escravidão no Egito: é um dia para lembrar e viver a libertação:

> Observe o dia de Sábado, para santificá-lo, como ordenou Javé seu Deus. [...] O sétimo dia, porém, é o Sábado de Javé seu Deus. Não faça trabalho nenhum [...]. Lembre-se: você foi escravo na terra do Egito, e Javé seu Deus o tirou de lá com mão forte e braço estendido. É por isso que Javé seu Deus ordenou que você guardasse o dia de Sábado.

Infelizmente, com o tempo, o sábado se tornou um fardo na vida do povo. Por isso, Jesus criticou bastante a maneira como se interpretava a lei do sábado em sua época e não a respeitava, quando estava em jogo a saúde ou a vida de uma pessoa. Jesus defendeu seus discípulos que colhiam espigas em dia de sábado porque estavam com fome (Mateus 12,1-8; Marcos 2,23-28; Lucas 6,1-5). Em dia de sábado, Jesus curou uma pessoa que estava com a mão atrofiada (Mateus 12,9-14; Marcos 3,1-6; Lucas 6,6-11). Curou uma pessoa que estava possessa pelo demônio (Marcos 1,21-28) e outra com os braços e as pernas inchados (Lucas 14,1-6). Curou também uma mulher que havia dezoito anos andava curvada sem conseguir se levantar (Lucas 13,10-17).

Mas, fazendo assim, Jesus estava voltando ao sentido original do sábado. Por isso ele dizia: "O sábado foi feito para o homem e não o homem para o sábado". Ou seja: o sábado deve ajudar o homem a se libertar, a festejar a libertação e a louvar o seu Deus. Jamais deve ser usado para acorrentar o ser humano e escravizá-lo de novo, em nome desse mesmo Deus.

Depois da morte de Jesus, seus discípulos, como bons judeus que eram, provavelmente, durante um bom tempo continuaram a observar o sábado. Mas o dia seguinte, que era o primeiro dia da semana, aos poucos foi tornando-se para os cristãos um dia muito mais importante que o próprio sábado:

- No primeiro dia da semana, Paulo se reuniu com a comunidade de Trôade para a fração do pão (Atos 20,7).

- Paulo pede que os cristãos de Corinto separem suas doações para a comunidade necessitada de Jerusalém no primeiro dia da semana (1 Coríntios 16,2). Certamente, porque o primeiro dia da semana era o dia da reunião dos cristãos.

Outros livros confirmam isto:

Na *Didaqué* (14,1), lemos: "Reúnam-se no dia do Senhor para a fração do pão e agradeçam [...].[8]

São Justino, em sua *Apologia* (1,67), conta-nos: "No dia que se chama o dia do sol, todos (os nossos) que habitam na cidade ou nos campos se reúnem num mesmo lugar [...]".

Mas, por que, então, o primeiro dia da semana foi se tornando o dia mais importante dos cristãos, o dia de sua reunião e da fração do pão?

Os quatro Evangelhos nos dão a resposta. O primeiro dia da semana é o dia da ressurreição do Senhor:

- após o sábado, no primeiro dia da semana, Maria Madalena e a outra Maria foram ver o túmulo. Mas o corpo de Jesus não estava mais lá. Um anjo lhes disse:

Não tenham medo. Eu sei que vocês estão procurando Jesus, o crucificado. Ele não está aqui. Ressuscitou, como havia dito! Venham ver o lugar onde ele estava. E vão depressa dizer aos seus discípulos que ele ressuscitou dos mortos, e que vai à frente de vocês para a Galiléia. Lá vocês o verão [...] (Mateus 28,5-7).

---

[8] *Didaqué, ou doutrina dos apóstolos*. Petrópolis, Vozes, 1970. p. 27. (Coleção Fontes da Catequese/1.)

No caminho, encontraram o próprio Jesus que confirmou pessoalmente o pedido dos anjos (Mateus 28,1-10; vejam também Marcos 16,1-8; Lucas 24,1-12; João 20,1-10);

- no primeiro dia da semana, dois discípulos o encontraram no caminho de Emaús. Caminhou com eles e, começando por Moisés, explicou a todos os profetas o que as Escrituras diziam dele. Chegando em casa, eles o reconheceram na fração do pão (Lucas 24,13-35);
- no primeiro dia da semana, Jesus apareceu de repente no meio dos seus discípulos e mostrou-lhes as mãos e os pés, dizendo: "Sou eu mesmo". Ele comeu com eles peixe assado e conversou sobre sua morte e ressurreição, dizendo que seriam suas testemunhas (Lucas 24,36-49; vejam também Marcos 16,14);
- no primeiro dia da semana, Maria Madalena estava chorando: "Levaram o meu Senhor, e não sei onde o colocaram". Naquele momento, pensando que era o jardineiro, ela encontrou o próprio Jesus, que a chamou pelo nome: "Maria!" (João 20,11-18);
- no primeiro dia da semana, Jesus veio em meio a seus discípulos, desejou-lhes a paz, soprou sobre eles e lhes deu o Espírito Santo para perdoar os pecados (João 20,19-23);
- oito dias depois, ou seja, no primeiro dia da semana seguinte, Jesus veio outra vez no meio dos discípulos reunidos e mandou que Tomé colocasse os dedos nas chagas dele, para que acreditasse (João 20,24-29).

No livro do Apocalipse, o primeiro dia da semana é chamado de "dia do Senhor" (Apocalipse 1,10), isto é, de Jesus, o Senhor ressuscitado, aquele que foi condenado e morto na cruz, mas exaltado e ressuscitado por Deus, feito Cristo-Messias e Senhor de tudo, sentado à direita de Deus (Vejam: Atos 2,36, Filipenses 2,9-11).

Dia do Senhor: do latim *dominus dies*, ou simplesmente *dominica*, que se tornou em português domingo.

Domingo, dia do Senhor,
   dia da reunião dos cristãos
   para celebrar a memória da morte e ressurreição do Senhor Jesus,
   até que ele venha,
   lendo as Escrituras
   e partindo o pão e o vinho...

No século III, 31 homens e 18 mulheres foram mortos, porque continuavam se reunindo aos domingos, o que era proibido por lei. São os mártires de Abitena, no norte da África. Interrogado, um deles respondeu: "Nós devemos celebrar o dia do Senhor. É nossa lei". Um outro, o leitor Eméritus, disse: "Sim, é na minha casa que celebramos o dia do Senhor. Não podemos viver sem celebrar o dia do Senhor". A virgem Vitória declarou: "Eu fui à assembléia, porque eu sou cristã".

A partir do Concílio Vaticano II, estamos redescobrindo a importância do domingo na vida dos cristãos, como dia da ressurreição, como dia pascal, como dia da reunião dos cristãos. Vejamos o que dizem as Normas Universais sobre o Ano Litúrgico, no nº 1:

> Devido à tradição apostólica que tem sua origem no dia mesmo da Ressurreição de Cristo, a Igreja celebra em cada oitavo dia o mistério pascal. Esse dia chama-se justamente dia do Senhor ou domingo. Nesse dia, pois, os cristãos devem reunir-se para, ouvindo a Palavra de Deus e participando da Eucaristia, lembrar-se da Paixão, Ressurreição e Glória do Senhor e dar graças a Deus que os 'regenerou para a viva esperança, pela Ressurreição de Jesus Cristo de entre os mortos' (1 Pedro 1,3). Por isso, o domingo é um dia de festa primordial (SC 100).

"Cada semana, no dia chamado domingo (dia do Senhor), ela (a Igreja) recorda a ressurreição do Senhor."

Na tradição cristã, o domingo já começa no sábado à noite. Lembrem-se da Páscoa que começa com a vigília pascal. Por isso, a reunião dos cristãos para celebrar o dia do Senhor pode ser feita no domingo mesmo, ou também no sábado à noite.

Às vezes, as circunstâncias dificultam essa reunião dos cristãos no sábado ou no domingo. Embora seja feriado, muita gente é obrigada a trabalhar no tempo da safra, nas cidades turísticas, nos hospitais, no transporte público etc.[9] Conforme o caso, às vezes não haverá outro jeito, por enquanto, senão celebrar em outro dia, quando todos possam estar presentes.

Leiam mais sobre o domingo

CONGREGAÇÃO DO CULTO DIVINO. Diretório para celebrações dominicais na ausência do presbítero (CDAP). *L'Osservatore Romano,* 28.12.1988, pp. 6ss.

JOÃO PAULO II. Carta Apostólica *Dies Domini,* sobre a santificação do domingo. São Paulo, Paulus, 1998.

CNBB. O domingo. In: *Animação da vida litúrgica no Brasil.* São Paulo, Paulinas, 1989 (doc. 43), itens 113-120.

CNBB. *Orientações para a celebração da Palavra de Deus.* São Paulo, Paulinas, 1994. (Doc. 52.)

CNBB. *Celebração da Palavra de Deus*; subsídios para as comunidades. São Paulo, Paulus, 1995. (Subsídios da CNBB, 3.)

REDE CELEBRA. *Domingo, dia do Senhor,* Goiânia, Apostilado, 1997; 2. ed. São Paulo, Paulinas, 2004.

SILVA, José Ariovaldo da. *O domingo, páscoa semanal dos cristãos:* elementos de espiritualidade dominical para as equipes de liturgia e o povo em geral. São Paulo, Paulus, 1998. (Coleção Celebrar a fé e a vida, v. 5.)

---

[9] A CNBB, nos itens 116-118 do documento n. 43 (*Animação da vida litúrgica no Brasil,* 1989), alerta sobre a deturpação do domingo pela ganância, pela luta pela sobrevivência causada por salários injustos, pela exploração, pelo consumismo..., impedindo que se viva o domingo como proclamação da libertação dos filhos e filhas de Deus.

4. Participar do mistério pascal de Jesus Cristo

Para celebrar a memória do Senhor, para celebrar o mistério pascal de sua morte e ressurreição, não basta lembrar e festejar o que aconteceu com Jesus há dois mil anos, nem basta agradecer a isso. É preciso participar hoje de seu mistério pascal, na vida do dia-a-dia, morrendo e ressuscitando com ele, e também na celebração.

Há vários tipos de participação na liturgia: ativa, externa, interior, consciente, plena, frutuosa.[10]

- Participação *ativa*: por meio do canto, das respostas e aclamações, das procissões, dos gestos etc.

Essa participação é necessariamente *externa* porque dela toma parte todo o nosso corpo; mas ela deve ser ao mesmo tempo uma participação *interior*: a nossa mente e o nosso coração devem acompanhar as palavras que dizemos ou cantamos, a leitura ou a homilia que ouvimos, a mão e a boca que recebem a comunhão, os nossos pés que avançam em procissão, a nossa boca que beija a cruz ou a Bíblia, ou a toalha do altar... E isso não é trabalho só da gente; é também a graça de Deus atuando em nós.

- Participação *consciente*: quando compreendemos aquilo que estamos celebrando e não o fazemos por rotina ou hábito, mas sabendo e querendo, com o pleno consentimento de nossa vontade.

- Participação *plena*: à medida que ficamos cada vez mais unidos a Cristo e somos transformados nele, transfigurados nele, divinizados, santificados pela ação do seu Espírito em nós.

- Participação *frutuosa*: quando aquilo que vivemos na celebração dá seus frutos em nossa vida. Convertemos o coração, começamos a perdoar, a nos doar mais, a pensar menos em nós mesmos e mais nos outros..., a arriscar até nossa vida por amor aos irmãos, para que tenham uma vida mais justa e digna, e para que o Reino de Deus possa vingar entre nós e acabar com toda forma de opressão.

---

[10] SC 11; 14; 18; 19; 21; 27; 30; 41; 46; 50; 53; 55; 79; 100; 114; 118; 121; 124.

Participar hoje, por meio dos sinais sacramentais, da morte e da ressurreição do Senhor, até que ele venha, é, pois, unir-se cada vez mais ao Senhor e viver a nossa vida em união com a dele, seguindo-o na caminhada da comunidade e de todo o povo de Deus.

São Paulo escreve a respeito do batismo: "Todos nós, que fomos batizados em Jesus Cristo, fomos batizados na sua morte. Pelo batismo fomos sepultados com ele na morte, para que, assim como Cristo foi ressuscitado dos mortos por meio da glória do Pai, assim também possamos caminhar numa vida nova" (Romanos 6,3-4).

E a respeito da Eucaristia, são Paulo diz: "O cálice da bênção, que nós abençoamos, não é comunhão com o sangue de Cristo? O pão que partimos, não é comunhão com o corpo de Cristo?" (1 Coríntios 10,16).

O mistério pascal é, pois, a constante passagem do Senhor em nossa vida, para nos arrastar em sua Páscoa. Ele está presente na Igreja que celebra. Ele age com a força de seu Espírito, que nos faz passar da morte para a vida. Ele nos transforma, transfigura, diviniza, abrindo a perspectiva de um mundo novo, livre de toda opressão, de toda maldade, livre da morte, dando-nos a possibilidade de viver em íntima união com o Pai, pelo Filho, no Espírito Santo que foi derramado sobre nós.

A celebração litúrgica não é antes de tudo uma ação nossa, mas uma ação do Cristo em nós, por meio do seu Espírito. Quem canta, reza, oferece, pede, agradece... é o Espírito de Cristo em nós. Quem nos faz cada vez mais parecidos com Cristo e unidos a ele, quem faz de nós uma comunidade que dá testemunho da ressurreição, é o Espírito de Cristo em nós.

Mas a celebração é também uma ação nossa, pois, sem a nossa fé, sem o nosso compromisso, sem o nosso "sim", unido ao "sim" de Jesus Cristo, não é possível celebrar a Aliança e comemorar a Páscoa.

Celebração e vida são inseparáveis:

Esse nosso povo tipicamente cristão, na Eucaristia, na liturgia toda e na celebração toda de sua fé, expressa a Páscoa. A morte, a luta, o sofrimento, a opressão. E a união, a organização, a esperança, a vitória. A Páscoa de Jesus Cristo é a Páscoa do povo. Para mim, essa conjunção dos dois aspectos da Páscoa explicaria muito bem por que o nosso povo, quanto mais perseguido, quanto mais oprimido, mais e melhor reza, e quanto mais e melhor reza e celebra, sobretudo se pode celebrar se expressando como ele é nos seus cantos, nas suas dramatizações, na sua liberdade de expressão mais autêntica, mais e melhor luta e vence.[11]

Assim, nessa "colaboração" ou "cooperação"[12] entre Jesus e a comunidade, nessa ação conjunta do Espírito Santo e da Igreja, Deus é glorificado e o homem é santificado. Por meio do ser humano, o mundo também vai se transformando.

Por isso, o domingo é dia de festa. Dia de ação de graças e de louvor. Dia de alegria. Dia em que lembramos, afirmamos, cremos e confirmamos, com gestos, palavras e cantos, que a morte foi vencida pela vida, que a miséria e a opressão um dia vão ter fim, porque Deus ressuscitou Jesus e nos ressuscita juntamente com ele. Dia em que, na reunião dos irmãos em torno do Senhor Ressuscitado, antecipamos a festa definitiva do Reino.

5. Missa: a celebração mais apropriada para o domingo

Domingo é o dia da reunião dos cristãos para celebrar a memória do Senhor Jesus. O Novo Testamento nos conta como o próprio Jesus nos deixou a forma pela qual devemos celebrar sua memória e nos unir a ele. "Façam *isto* para celebrar a minha memória", são as palavras que repetimos em cada celebração eucarística. Façam *isto*. "Isto", o quê? A oração eucarística junto com a fração do pão e a comunhão no seu Corpo e Sangue.[13]

---

[11] Casaldáliga, Dom Pedro. *RL*, n. 59, p. 14, set./out. 1983.

[12] "Sinergia", dizem os orientais: ação em comum.

[13] Verheul, A. *A estrutura fundamental da Eucaristia*. São Paulo, Paulus, 1982, principalmente pp. 80-82.

A celebração eucarística é a expressão mais central de nossa fé. É o centro e a raiz de uma comunidade cristã. "O que, em definitivo, constitui uma comunidade em célula viva da Igreja é a celebração eucarística, principal manifestação da Igreja e fator primordial de sua realização."[14]

Louvando o Pai pela morte, ressurreição de Jesus e a esperança de um mundo novo, oferecendo nossa vida juntamente com a de Jesus pela realização do Reino, comendo e bebendo juntos o seu Corpo e Sangue... somos transformados em Igreja-comunidade, templo do Espírito Santo, Corpo de Cristo, para continuar, em cada tempo e lugar, a missão de Jesus.

Nenhuma comunidade, portanto, pode viver sem a Eucaristia. E, sendo o domingo o dia por excelência da memória da morte-ressurreição de Jesus, o normal seria que cada comunidade pudesse celebrar a Eucaristia (a missa) a cada domingo.[15] Isto não está acontecendo. Por quê? Porque a celebração eucarística está vinculada à presença do ministro ordenado: o padre ou o bispo. E a maioria das comunidades não tem padre nem bispo. A solução mais evidente seria ordenar uma pessoa em cada comunidade para que todos pudessem celebrar a Eucaristia no dia do Senhor. Mas a Igreja Católica Romana restringiu a ordenação sacerdotal a homens celibatários. Portanto, as mulheres e os homens casados estão excluídos. Enquanto não se encontra outra solução, o pequeno número de padres se desdobra para celebrar a Eucaristia e outros sacramentos pelo menos uma vez por ano, ou uma vez a cada seis, três, dois meses... em cada comunidade. Muitas vezes eles vêm correndo, não têm tempo de se inteirar da vida da comunidade como gostariam... E os sacramentos aparecem assim, às vezes, como algo separado.

Na falta de celebração eucarística, devemos celebrar a memória de Jesus de outra forma. Mas devemos fazer todo o possível para tornar a celebração eucarística o centro e a raiz, a fonte e o ponto alto da vida da comunidade.

---

[14] CELAM. *Liturgia para a América Latina,* p. 66, item 32.

[15] O Código de Direito Canônico, no cânon 273, diz que os fiéis têm direito à Palavra de Deus e aos sacramentos; e no cânon 1248 diz que os fiéis cumprem o preceito dominical participando da Eucaristia.

6. Celebração da Palavra

Na ausência da Eucaristia, "[...] a Igreja como comunidade pascal se realiza na celebração da Palavra".[16]

Muita gente pergunta: "Que valor tem a celebração da Palavra?" Quando vem o padre para celebrar a missa, a capelinha ou o salão enche de gente; quando é a celebração da Palavra, muitas pessoas deixam de comparecer.

No entanto, a celebração da Palavra é um verdadeiro ato litúrgico. Tem força sacramental. Cristo está presente e nos faz participantes de seu mistério pascal pela reunião da comunidade, pelas leituras proclamadas e comentadas, pelos cantos e orações. Lembremos o importante texto do Concílio Vaticano II: para levar a efeito sua obra de salvação, Cristo está presente pela sua Palavra, "pois é ele mesmo que fala quando se lêem as Sagradas Escrituras na Igreja. Está presente quando a Igreja ora e salmodia, ele que prometeu: onde dois ou três estiverem reunidos em meu nome, aí estarei no meio deles" (Mateus 18,20) (SC 7).

A reunião dos irmãos e o amor que os une tornam visível, palpável e manifesta a união com Jesus Cristo e com o Pai, no Espírito Santo. Não só torna visível, mas faz também crescer nossa união com ele. É sacramento dessa união.

A Palavra anunciada, ouvida e aceita na fé é lembrança de Jesus Cristo: sua vida, sua morte e ressurreição.

Como há dois mil anos na Palestina, bem como em todos os tempos, a força de sua Palavra convoca e atrai as pessoas a segui-lo. Cura cegos, surdos e paralíticos. Faz o marginalizado sair de seu isolamento. Sua Palavra nos atinge e nos modifica:

> Da mesma forma como a chuva e a neve, que caem do céu e para lá não voltam sem antes molhar a terra, tornando-a fecunda e fazendo-a germinar, [...] assim acontece com a minha palavra que sai de minha boca: ela não

---
[16] LUTZ, Gregório. *RL*, n. 52, pp. 3-4, jul./ago. 1982.

volta para mim sem efeito, sem ter realizado o que eu quero e sem ter cumprido com sucesso a missão para a qual eu a mandei" (Isaías 55,10-11).

Sua Palavra nos purifica e nos limpa de nossos pecados: "Vocês já estão limpos por causa da palavra que eu lhes falei" (João 15,3).

Ela abre nossas mentes para captar o sentido dos acontecimentos. Faz de nós discípulos, seguidores. Faz nascer em nós a fé e o compromisso, a esperança e a confiança, o amor e a ação.

Assim como a Eucaristia, também a Palavra é Pão da Vida. É o próprio Cristo com sua Vida, tanto na Eucaristia como na Palavra: "Eu sou o pão da vida. Quem vem a mim não terá mais fome, e quem acredita em mim nunca mais terá sede [...]. As palavras que eu disse a vocês são espírito e vida [...]" (João 6,35.63).

O único Pão da Vida é partilhado de duas maneiras: à mesa da Palavra e à mesa da Eucaristia,[17] representadas respectivamente pela Estante da Palavra e o Altar. Palavra e Eucaristia são duas formas diferentes e complementares da presença real de Jesus no meio de seu povo para realizar nele a sua Páscoa.

Não é de estranhar, portanto, que o Concílio Vaticano II tenha previsto uma celebração da Palavra aos domingos e dias de festa na ausência do padre.[18]

A instrução *Inter Oecumenici* de 26 de setembro de 1964 dá algumas orientações (leituras, cantos, de preferência salmos, homilia, oração dos fiéis, pai-nosso..., presidência do diácono ou leigo...), mas não entra em detalhes.[19] Isto é deixado, portanto, à orientação de cada bispo para sua Igreja local.[20]

---

[17] *Dei Verbum*, 21.

[18] Vejam SC 35,4; no mesmo sentido: *Inter Oecumenici*, nn. 37-38. Infelizmente, o Código de Direito Canônico, 1983, no cânon 1248, § 2º, diminui o valor da Celebração da Palavra como celebração do domingo, colocando-a como algo facultativo, ao lado da oração em família e oração pessoal.

[19] *Inter Oecumenici*, nn. 37-39.

[20] Comparem com o Código de Direito Canônico, cânon 838.

Quanto à seqüência da celebração da Palavra, não devemos nos esquecer de que há muitos modelos na tradição da Igreja que podem servir de base: a liturgia da Palavra da missa, mas também a da vigília pascal; a missa dos pré-santificados em algumas Igrejas do Oriente e na Sexta-Feira Santa da liturgia romana; e o ofício das leituras da liturgia das Horas.[21]

Até aqui falamos do valor litúrgico-teológico da celebração da Palavra. Agora convém ressaltar seu grande valor pastoral. O que seria das comunidades se, na ausência do padre, não se reunissem regularmente para ouvir a Palavra de Deus e rezar em comum? Simplesmente deixariam de existir... Graças à celebração da Palavra, as comunidades persistem e crescem na fé e no compromisso com Jesus Cristo e o seu Reino. A celebração do domingo em torno da Palavra é certamente uma das causas da vivacidade e do dinamismo da Igreja no Brasil.

A falta de padres, que normalmente é considerada uma grande pobreza, resultou, no caso, numa grande riqueza: não tendo padres em número suficiente, o povo começou a assumir a responsabilidade das celebrações, com a ajuda de Deus e dos poucos padres disponíveis; com a ajuda de diáconos, missionários, catequistas, agentes de pastoral, religiosos e religiosas. Nas mãos dos leigos e leigas, a liturgia ganhou a "cara nova", mais popular, doméstica, espontânea... da qual falamos anteriormente, possibilitando maior participação e maior crescimento na fé.

Nenhum cristão deve ter dúvidas sobre o valor da celebração da Palavra na comunidade, aos domingos. Não deve deixar sua comunidade naquele dia para ir participar da missa em alguma paróquia no centro da cidade, ou para rezar em casa sozinho ou ver e ouvir missa pelo rádio ou televisão. Cristo o espera com sua Palavra na reunião da comunidade, que é o Corpo de Cristo, e sacramento de nossa Comunhão com ele. Nada deve substituir essa reunião. Pois quando não participamos da celebração, prejudicamos a comunidade. É como se no corpo faltasse um dedo, um braço ou um ouvido.

---

[21] *Introdução geral à liturgia das horas*, n. 29: "[...] o ofício de leitura [...] é acima de tudo uma celebração litúrgica da Palavra de Deus [...]". O "Cerimonial dos bispos" de 1984 (descrição das celebrações presididas pelo bispo), no item 224 e seguintes, oferece também um roteiro para a celebração da Palavra, nos moldes da liturgia da Palavra da missa, seguida do pai-nosso e de uma despedida.

7. Celebração da Palavra com distribuição da comunhão

Pelo que foi falado anteriormente, na ausência do padre para celebrar a Eucaristia, *a comunidade deveria celebrar o domingo simplesmente com a liturgia da Palavra.*

No entanto, as comunidades que têm possibilidade de guardar o Santíssimo, ou de buscar o pão consagrado na igreja paroquial, preferem complementar a celebração da Palavra com a distribuição da comunhão.

Pastoralmente, isto parece ter suas vantagens, pelo menos à primeira vista: a celebração da Palavra com distribuição da comunhão, de modo geral, tem mais aceitação do que uma "simples" liturgia da Palavra.[22] Poderia parecer "mais completa".

Do ponto de vista litúrgico-teológico, no entanto, surgem sérios problemas. Como garantir, na comunhão separada da oração eucarística, o sentido pascal da Eucaristia, o sentido do sacrifício de Jesus Cristo, o sentido do louvor e da ação de graças? Como evitar que o grande mistério de nossa fé seja reduzido à presença real de Jesus na hóstia consagrada? Como podemos separar sistematicamente a oração eucarística e a comunhão, que formam uma unidade e que Jesus nos deixou como memorial de sua morte-ressurreição: "Façam isto (oração eucarística, fração do pão e comunhão) para celebrar a minha memória"?

Na tradição das Igrejas não encontramos muitos precedentes dessa maneira de agir. No Oriente, em algumas igrejas há missas dos pré-santificados, mas somente na quaresma, durante a semana, jamais, porém, aos domingos.

---

[22] É interessante notar que, em algumas dioceses na República Democrática Alemã, haviam sido organizadas celebrações da Palavra aos domingos na ausência do padre, desde antes da década de 1950. Mas a aceitação pelo povo deixava a desejar. Quando em 30 de abril de 1965 os bispos conseguiram de Roma a autorização da distribuição da comunhão, a aceitação foi bem maior. Em 25 de maio de 1967, a Instrução *Cultus Mysterii Eucharistici* ampliou essa autorização para a Igreja no mundo inteiro (GUILLIAMS, Jean-Paul. *De liturgische viering op zondag bij afwezigheid van een priester*; pastorale situatieschets. Proefschrift tot het behalen van de graad van licentiaat in de Pastorale Theologie. Katholieke Universiteit, Leuven, Faculteit der Godgeleerdheid, 1985. pp. 49-52).

Na Igreja romana temos a distribuição da comunhão na Sexta-Feira Santa, mas ela foi introduzida somente no século VII, talvez por influência das Igrejas orientais.[23]

Será que insistimos tanto na distribuição da comunhão porque não acreditamos o suficiente na presença de Cristo pela sua Palavra?

Aqui não é o lugar de aprofundarmos esta questão. Partimos simplesmente do fato pastoral de que *em muitas comunidades se faz a distribuição da comunhão, finalizando a liturgia da Palavra*. Convém lembrar *algumas regras e sugestões de como fazer isto da melhor maneira possível*.

a) Antes de tudo, é preferível que o povo perceba claramente a diferença: missa é missa; celebração da Palavra com distribuição da comunhão é outra coisa. Se bem que, no início principalmente, não é aconselhável insistir demais nessa diferença, até que a comunidade aprenda a valorizar a celebração da Palavra na falta da celebração eucarística.

b) Nas comunidades que têm condições de guardar o Santíssimo, o padre que vem celebrar a missa de vez em quando consagra hóstias suficientes para os outros domingos e as deixa no tabernáculo, dentro de uma âmbula ou outro recipiente.

Em algumas outras comunidades, um ministro extraordinário, autorizado pelo padre ou pelo bispo, vai buscar as hóstias consagradas em uma paróquia, de preferência participando aí da celebração eucarística. Ele as carrega numa "teca", um pequeno estojo ou caixinha. (Convém usar um material sólido, bonito e digno; jamais latas de margarina, bombons etc.)

c) Geralmente, entre a liturgia da Palavra e a distribuição da comunhão, faz-se uma série de orações: preces, louvores, pedidos de perdão. É possível também inserir nesse momento o abraço da paz ou outra expressão da vida comunitária, como a coleta para os necessitados ou para o sustento da comunidade. O chamado "ofertório", que se costuma fazer em muitos lugares, é uma questão problemática, como veremos mais adiante.

---

[23] BRINKHOFF, L. et alii. *Liturgisch Woordenboek*. Roermond en Maaseik, Romen en Zonen, 1958-1962. K 892 en 1565-73. Também NOCENT, Adrien. *Contempler sa gloire*. v. 3. Semaine Sainte, Paris, Cerf, 1965. p. 173.

Não se deve rezar a oração eucarística[24] simplesmente pulando as palavras da consagração.

d) A comunhão será distribuída por um diácono, um acólito instituído, um ou vários ministros extraordinários da comunhão eucarística, homens ou mulheres, autorizados pelo bispo ou pelo padre.[25]

e) Pede-se normalmente um jejum de comida e bebida (exceto água e remédios) uma hora antes da comunhão. Esse jejum não é necessário quando se trata de idosos e doentes ou de pessoas que deles cuidam.[26]

f) O ritual para a distribuição da comunhão prevê um rito penitencial, o pai-nosso, eventualmente o abraço da paz..., mas não inclui fração do pão e "Cordeiro de Deus".

Por uma questão de higiene, é aconselhável que o ministro lave as mãos antes da comunhão, fora do altar, usando bacia, jarrinha e toalha. A âmbula ou a teca (estojo) com as hóstias consagradas é colocada em cima da mesa, que é coberta com um toalha e onde se encontra uma vela acesa. Após o pai-nosso e eventualmente o abraço da paz, o ministro levanta e mostra a hóstia dizendo ou cantando:

"Felizes os convidados para a ceia do Senhor. Eis o Cordeiro de Deus que tira o pecado do mundo".

Todos rezam ou cantam:

"Senhor, eu não sou digno(a) de que entreis em minha morada, mas dizei uma palavra e serei salvo(a)".

O ministro comunga, dizendo em silêncio, só para si:
"Que o Corpo de Cristo me guarde para a vida eterna".

Em seguida, o ministro dá a comunhão (na mão, ou na boca, se a pessoa assim preferir), dizendo a cada pessoa:

---

[24] Instrução *Liturgicae Instaurationes* e também Código de Direito Canônico, 1983, cânon 907.

[25] Instrução *Immensae Caritatis*, 1972. O bispo pode delegar os padres para que encarreguem algumas pessoas desse ministério.

[26] Código de Direito Canônico, 1983, cânon 919.

"O Corpo de Cristo".

Nada impede que digamos também o nome da pessoa, como é costume em ritos orientais: "Fulano! O Corpo de Cristo!"

E o comungante responde: "Amém!"

Às vezes nos esquecemos de que o lugar próprio para distribuir a comunhão é a mesa do altar. Onde for possível, o ministro poderá ficar atrás da mesa, enquanto as pessoas se aproximam do outro lado dela e recebem a comunhão. Quando há dois ministros, cada um poderá ficar numa das pontas da mesa.

g) Depois da comunhão, o ministro fecha a âmbula ou a teca e a guarda no tabernáculo ou deixa pronta para levar de volta à igreja paroquial após a celebração. Conforme as distâncias, é preferível, às vezes, não deixar nenhuma hóstia consagrada sobrando: o próprio ministro poderá tomá-las ou dar duas hóstias juntas às últimas pessoas da fila de comunhão, ou eventualmente distribuí-las a outras pessoas que já comungaram antes. (No início, as pessoas estranham o fato de "comungar mais de uma vez", mas depois de boa explicação todo mundo entende e aceita.)

Quando, por algum motivo, não há hóstias suficientes para todas as pessoas, é preciso repartir cada hóstia em dois, três ou mais pedaços, para que ninguém fique sem. De maneira nenhuma deve-se completar com hóstias não consagradas.

h) Segue-se agora um tempo de silêncio. Pode-se ainda fazer uma breve meditação ou cantar um hino de louvor. Depois se faz a oração após a comunhão e os ritos finais.

i) As nossas introduções, as orações, meditações e os cantos devem ajudar a comunidade a compreender a comunhão como uma parte da missa: "Os fiéis sejam diligentemente instruídos de que, mesmo recebendo a comunhão fora da missa, unem-se intimamente ao sacrifício em que se perpetua o sacrifício da cruz e que participam do banquete sagrado".[27]

---

[27] *A sagrada comunhão e o culto do mistério eucarístico fora da missa.* Introdução, item 15.

j) A comunhão deve ser vivida ainda como sendo o coração da vida cristã. Não basta comungar. É preciso se empenhar no dia-a-dia, porque "a comunhão com Deus [...] há de manifestar-se em toda a sua vida, até na sua dimensão econômica, social e política. Produzida pelo Pai, o Filho e o Espírito Santo, é a comunicação de sua própria comunhão trinitária" (Puebla 214-215).

l) De vez em quando pode ser útil fazer um *pequeno diálogo com textos bíblicos*, ao apresentar a comunhão. É uma boa oportunidade para a gente aprofundar o sentido da Eucaristia e se preparar melhor para recebê-la.

Eis alguns exemplos:

Ministro:	Um só Pão repartido entre todos.
Todos:	Comendo deste Pão, somos um só Corpo.
Ministro:	O Pão que partimos nos faz entrar em comunhão com o Corpo de Cristo.
Todos:	O Pão que partimos nos faz entrar em comunhão uns com os outros.
Ministro:	Felizes os convidados para a ceia do Senhor.
	Eis o Corpo de Cristo. Eis o Cordeiro de Deus que tira o pecado do mundo.
Todos:	Senhor, eu não sou digno(a)...

(baseado em 1 Coríntios 10,16-17).

Ministro:	Assim disse Jesus: "Eu sou o Pão da Vida. Quem vem a mim nunca mais terá fome, e o que crê em mim nunca mais terá sede".
Todos:	Senhor, dai-nos sempre deste Pão!
Ministro:	Eu sou o Pão vivo descido do céu. Quem comer deste Pão viverá eternamente.

Todos: Senhor, dai-nos sempre deste Pão!

Ministro: Irmãos e irmãs, eis o Pão da Vida. Felizes os convidados para a ceia do Senhor. Eis o Cordeiro de Deus que tira o pecado do mundo.

Todos: Senhor, eu não sou digno(a)...

(baseado no Evangelho de São João, cap. 6).

Ministro: Assim diz o Senhor: "Eis que estou à porta e bato: se alguém ouvir a minha voz e abrir a porta, entrarei em sua casa e comerei com ele e ele comigo".

Todos: Senhor, ouvimos a vossa Palavra e a vossa voz.

Ministro: Felizes os convidados para a Ceia do Senhor. Eis o Cordeiro de Deus que tira o pecado do mundo.

Todos: Senhor, eu não sou digno(a)...

(baseado em Apocalipse 3,20).

Ministro: De um só cálice bebemos
e comemos de um só pão;

Todos: Um só corpo nos tornemos
uma alma e um coração.

Ministro: Preparou Deus para os pobres
alimento de união.

Todos: É o Senhor que nos reúne
eis nossa refeição.

Ministro: Felizes os convidados...

(do ritual *A sagrada comunhão...*, n. 207).

Ministro: Assim disse Jesus: "Naquele dia saberão que eu estou no Pai e o Pai em mim e eu em vocês".

Todos: Que todos sejam um, ó Pai!

Ministro: Como tu, Pai, estás em mim e eu em ti.

Todos: Que todos sejam um, ó Pai!

Ministro: Eu lhes dei a glória que me deste, para que sejam um, como nós somos um.

Todos: Que todos sejam um, ó Pai!

Ministro: Eu neles e tu em mim, para que sejam perfeitos na unidade e para que o mundo reconheça que me enviaste e os amaste como tu me amaste.

Todos: Que todos sejam um, ó Pai!

Ministro: Felizes os convidados...

(baseado em João 14,20 e João 17,20-23).

8. Celebração da Palavra com refeição fraterna

Há comunidades que organizam algum tipo de refeição comunitária ligada à celebração. Trazem pão, biscoitos, ou pipoca; trazem café, ou chá, vinho, ou suco, ou outras comidas e bebidas, que são partilhadas entre todos. Em que momento? Algumas comunidades têm o costume de fazê-lo após a celebração, como uma confraternização, dentro ou fora do local da celebração, como um prolongamento desta. Outras comunidades realizam a partilha de alimentos como parte integrante da celebração, expressando os laços de comunhão que as unem em Cristo. Geralmente a partilha é precedida por uma oração de "bênção do pão" ou "bênção da refeição fraterna", ou uma louvação ou bendição... Às vezes chamam esse rito de "ágape", ou "refeição em memória de Jesus".

O que pensar de tudo isto? Será que tal refeição fraterna combina com a liturgia do domingo? Que sentido poderia ter?

Sem querer tirar conclusões apressadas, vamos olhar um pouco o que a história pode nos ensinar:

a) a Eucaristia foi instituída por Jesus durante uma refeição. No início da refeição, Jesus fez a ação de graças sobre o pão e o deu aos discípulos. Depois fez-se a refeição propriamente dita. Mais para o final da refeição, Jesus fez a ação de graças sobre o vinho e depois passou o cálice para todos beberem;

b) no início, Eucaristia e refeição continuaram ligadas, como na última ceia de Jesus. Mas a Eucaristia era celebrada no final da refeição.

É o caso de Atos 2,42: primeiro vem a refeição comunitária ("koinonia"), depois segue a Eucaristia ("fração do pão").[28]

Também na *Didaqué*, um tipo de livro de catequese do século I, encontramos a mesma seqüência: refeição seguida de Eucaristia.[29]

Refeição e Eucaristia lembram as refeições de Jesus com seus discípulos; são marcadas pela alegre espera de sua vinda e são um sinal da chegada dos tempos messiânicos;[30]

c) mais tarde, a refeição era celebrada depois da Eucaristia[31] e, por fim, só se celebrava a Eucaristia, sem refeição nenhuma. Seria por abusos acontecidos na comunidade? Na sua primeira carta aos Coríntios (11,17-34), são Paulo teve de reagir contra algum tipo de abuso. Não dá para perceber direito se Paulo é contra qualquer tipo de refeição quando os cristãos

---

[28] HAMMAN, A. *Vie liturgique et vie sociale:* repas des pauvres, diaconie et diaconat, agape et repas de charité, offrande dans l'antiquité chrétienne. Paris, Desclée, 1968, p. 157. Também DUPONT, Jacques. *Estudos sobre os Atos dos Apóstolos.* São Paulo, Paulus, 1974, p. 505.

[29] *Didaqué*, 10.

[30] HAMMAN, A., op. cit., pp. 157-158.

[31] VON ALLMEN, J. J. *Célébrer le salut:* doctrine et pratique du culte chrétien. Genève/Paris, Labor et Fides/Cerf, 1984. p. nota 100; cf. JEREMIAS, J. *Die Abendmahlsworte Jesu.* Goettingen, 1960. p. 110.

se reúnem para celebrar a Eucaristia, ou se ele é contra o individualismo que acaba com o sentido fraterno da refeição comunitária. Coisa parecida encontramos na carta de Judas (v. 12).

De qualquer forma, o específico na reunião dos cristãos não é a refeição, e sim a Eucaristia.[32] Esta, no entanto, não deixa de ser uma partilha ritual de pão e vinho, um comer e beber juntos em ação de graças;

d) com exceção das refeições ligadas à Eucaristia, encontramos ainda outros tipos de refeição, como as refeições rituais em homenagem a um falecido ou a um mártir e os ágapes. Os ágapes eram refeições de caridade, organizadas em certos dias nas comunidades cristãs para os pobres e necessitados, talvez em continuidade das refeições fraternas das instituições judaicas. Era uma maneira de as pessoas abastadas partilharem com quem nada tinha, tentando observar, assim, o mandamento do amor fraterno;[33]

e) no tempo de santo Agostinho celebrava-se uma refeição fraterna nas casas, na Quinta-Feira Santa, após a celebração eucarística;[34]

f) são Francisco não podia celebrar a missa, porque era apenas diácono. Mas, "[...] além de celebrar o presépio e os mistérios da Paixão, algumas vezes celebrava com seus discípulos a Ceia do Senhor";[35]

g) nas festas religiosas populares, comer e beber são parte importante e integrante do rito.

Assim, podemos concluir:

• a Eucaristia é o sinal máximo de nossa fé. Na falta prolongada dela, uma partilha de alimentos na celebração dominical poderá manter viva a lembrança do gesto de Jesus, a comunhão entre os participantes e o compromisso de solidariedade, alicerçada na fé em Jesus Cristo;

---

[32] Ibid., p. 187.

[33] HAMMAN, A., op. cit., pp. 223-226.

[34] VON ALLMEN, J., op. cit., p. 188, nota 105.

[35] BOFF, Leonardo. *Eclesiogênese*: as comunidades eclesiais de base reinventam a Igreja. Petrópolis, Vozes, 1977. pp. 80-81.

• o gesto da partilha fraterna é gesto significativo para expressar a alegria pela chegada do Reino entre nós e a expectativa de sua plena realização;

• "ágape" significa amor. Partilhar os alimentos numa celebração do dia do Senhor, em igualdade, e não como esmola dos abastados aos necessitados, é expressão e antecipação da sociedade que queremos, sem exclusões;

• na refeição fraterna ninguém é excluído, todos podem participar. Por isso, algumas comunidades têm o costume de distribuir um pão bento até mesmo nas missas, após a comunhão, para que ninguém fique fora da partilha, nem mesmo as crianças e outras pessoas que não recebem a sagrada comunhão eucarística. Isso também está acontecendo em algumas celebrações da palavra com distribuição da sagrada comunhão: após a louvação acrescentam um pedido a Deus para que abençoe o pão (ou outro alimento) que será distribuído depois da comunhão eucarística, para que todos se sintam acolhidos na casa do Pai;

• talvez fosse melhor evitar também o termo "Ceia do Senhor" para essas refeições comunitárias, pois com ele designamos a própria celebração eucarística;

• quando o alimento é distribuído como parte da celebração, certamente será envolvido com cantos, orações e clima próprio para uma celebração. Quando a refeição é feita após a celebração, ela toma mais o caráter de uma confraternização. De qualquer modo, não devem faltar a alegria por causa de Jesus e de seu Reino e o amor, o carinho, a partilha, que se expressa em servir os irmãos e irmãs e ser por eles servido: é no dar e receber que a comunidade cresce no amor de Cristo.[36]

---

[36] Leiam mais sobre o assunto em: BUYST, Ione. Presidir a ação de graças e a partilha. In: *RL,* n. 150, nov.-dez. 1998. pp. 28-33. DS traz textos, como exemplo, de acordo com os tempos litúrgicos.

Terminando este primeiro capítulo, que procurou fundamentar a celebração do domingo ao redor da Palavra de Deus e dar orientações práticas para a distribuição da comunhão e para a refeição fraterna, vamos agora analisar cada um dos outros elementos da celebração:

- a assembléia litúrgica;
- a Palavra de Deus;
- a oração da comunidade;
- ações, gestos, ritos, símbolos...

Estes são como "tijolos" necessários para "construir" nossa liturgia. No último capítulo falaremos da seqüência da celebração.

Mas antes de passar para o próximo assunto, troquem idéias e opiniões, com base nas seguintes perguntas:

Para a reunião da equipe

1) *Será que todas as pessoas que se reúnem para a celebração do domingo sabem que estão ali para celebrar a ressurreição do Senhor? O que significa celebrar a ressurreição do Senhor hoje? O que podemos fazer para que fiquem sabendo disso?*

2) *O que temos feito para que a comunidade toda possa ter uma participação externa e interna, ativa, consciente, plena e frutuosa?*

3) *Em sua comunidade, a celebração da Palavra é bastante valorizada, mesmo quando não há distribuição da comunhão? Sim ou não? Por quê?*

"Onde dois ou três estiverem reunidos em meu nome, eu estou no meio deles" (Mateus 18,20).

II

A ASSEMBLÉIA LITÚRGICA

Liturgia é ação comunitária, eclesial. É a comunidade que celebra. E quando a comunidade está reunida para celebrar, conta com a presença do Senhor. Ele está no meio de nós. Celebra conosco, fala a seu povo reunido, renova e santifica, envia em missão. Assim, neste segundo capítulo, abordaremos seguidamente dois aspectos da assembléia, apontando para os ritos e seu sentido teológico: encontro de irmãos e encontro do povo com Deus. E enfocaremos ainda a assembléia como um corpo comunitário, com seus ministérios. Lembramos que o rito mais significativo da comunhão entre nós e com Deus já foi tratado no capítulo anterior: comer e beber juntos na mesa do Senhor.

1. Encontro de irmãos e irmãs

Para que seja possível a celebração do domingo, é preciso, antes de tudo, que os cristãos se reúnam. A reunião é o primeiro elemento necessário.

Não se trata de um aglomerado, um amontoado de gente, ocupando, por acaso, o mesmo espaço ou que vai lá para fazer suas orações, cada um por si. Não! É uma reunião de irmãos e irmãs, filhos e filhas do mesmo Pai. É uma reunião de gente chamada para formar um só corpo, na expressão de são Paulo: "Fomos batizados num só Espírito para sermos um só corpo" (1 Coríntios 12,13).

Esse Corpo se torna visível e cresce em intensidade no momento da reunião, quando procuramos ter "um só coração e uma só alma" (Atos 4,32), quando cantamos a uma só voz, louvando o Pai, rezando e pedindo pelo mundo inteiro.

Você já se sentiu alguma vez integrado em um grupo, como que arrastado pela torcida de seu time de futebol, ou por uma platéia que ouve junto com você a mesma música? Já sentiu a solidariedade e a firmeza dos companheiros e companheiras tomar conta de você durante uma greve? Já pôde sentir aquela união que liga os membros de sua família em momentos de muita dor ou de grande alegria?

Pois é, juntemos a isso a ação do Espírito Santo no momento da celebração, a graça de Deus que quer nos fazer participar de sua vida, a espera da vinda do Senhor... e aí teremos uma pequena idéia do que deve acontecer numa celebração.

A reunião litúrgica manifesta e faz crescer a Igreja-comunidade. Manifesta e faz crescer a união entre nós e com Deus. Ela é sacramento de nossa união: sinal e instrumento.[1]

Por isso, é importante que a liturgia do domingo seja feita em clima de muita amizade, muito amor, simplicidade, alegria e espontaneidade, como numa reunião de família, num encontro de irmãos. Deve ser o ponto alto da vida comunitária. A reunião mais importante de todas as reuniões. Como realizar isso, na prática? Vejam a seguir as orientações quanto a: acolhimento mútuo, apresentação de algumas pessoas, lembrança dos ausentes, momentos de entrosamento, o canto comunitário, a oração em comum, o abraço da paz, a coleta, a colocação dos assentos, os avisos.

---

[1] MARTIMORT, A. G. Vários artigos sobre a teologia da assembléia litúrgica. In: *La Maison-Dieu,* n. 20 (1949); 40 (1954); 57 (1959) e 60 (1959).

1.1. Acolhimento mútuo

Na chegada, os cristãos se cumprimentam, querem saber um da vida do outro, estão alegres e felizes em se rever. Sabem que, acolhendo o irmão, estão se encontrando com o próprio Cristo: "Onde dois ou três estiverem reunidos em meu nome, eu estou aí no meio deles", disse Jesus (Mateus 18,20).

Os mais pobres da comunidade devem ser mais bem acolhidos que os outros, porque neles Cristo está presente de modo especial. São Tiago reclama de uma comunidade que está fazendo pouco caso dos pobres:

> Entra na reunião de vocês uma pessoa com anéis de ouro e vestida com elegância; e entra também uma pessoa pobre, vestida com roupas velhas. Suponhamos que vocês dêem atenção à pessoa que está vestida com elegância e lhe dizem: "Sente-se aqui, neste lugar confortável", mas dizem à pessoa pobre: "Fique aí em pé"; ou então: "Sente-se aí no chão, perto do estrado dos meus pés". Nesse caso, vocês estão fazendo diferença entre vocês mesmos e julgando os outros com péssimos critérios. Ouçam, meus queridos irmãos: não foi Deus quem escolheu os que são pobres aos olhos do mundo, para torná-los ricos na fé e herdeiros do Reino que ele prometeu àqueles que o amam? E, no entanto, vocês desprezaram o pobre! (Tiago 2,1-6a).

1.2. Apresentação de algumas pessoas

É importante que, no início da celebração, sejam apresentadas as pessoas que estão participando pela primeira vez, os visitantes vindos de outras comunidades, ou outras pessoas que estão de passagem por causa de serviço, ou viagem, ou visita a familiares e amigos, ou por causa do trabalho pastoral...

Podemos apresentar também os pais que pediram o batismo de seus filhos, os noivos que estão se preparando para o casamento, as crianças que irão fazer a primeira comunhão... Também as pessoas que irão assumir algum trabalho ou ministério (serviço) na comunidade deveriam ser apresentadas em algum momento da celebração: os catequistas no início do ano, os ministros extraordinários da comunhão eucarística quando iniciam o seu ministério, os novos ministros ou animadores do canto, a equipe da Campanha da Fraternidade, a equipe da pastoral dos enfermos ou da pastoral da terra... Pode-se pensar inclusive numa pequena ritualização: uma oração ou uma bênção após a homilia ou partilha da Palavra.

Quando um(a) agente de pastoral (padre, religiosa ou leigo) está de passagem na comunidade, poderemos pedir que ele ou ela faça a homilia ou lidere a partilha da Palavra, ou conte algo de sua missão ou da sua comunidade, ou ajude na distribuição da comunhão... (Se for padre, certamente aceitará com muita alegria presidir a celebração eucarística.)

1.3. Lembrar os ausentes

Também os doentes e idosos ou outras pessoas da comunidade ausentes por causa de trabalho, de viagem, de mutirão, de reunião de pastoral etc. podem ser lembrados, seja no início da celebração, seja nas preces.

Não só os vivos, mas também os falecidos, podem ser lembrados: os que morreram na semana que passou ou de quem estamos lembrando o 7º dia ou o aniversário de falecimento, ou ainda os "mártires" que tombaram na luta a favor do povo oprimido, dando testemunho do Evangelho de Jesus Cristo. De alguma forma todos eles fazem parte da comunidade e estão conosco na celebração.

1.4. Momentos de entrosamento

Em vários momentos da celebração poderemos prever momentos de entrosamento entre os participantes: uma saudação mútua, um "cochicho" no início da celebração ("O que aconteceu de importante esta semana?"),[2] uma breve conversa sobre as leituras proclamadas, uma saudação no final da celebração, despedindo e desejando uns aos outros a bênção de Deus...

---

[2] Vejam o que se diz da "Recordação da vida" no 3º capítulo, item 3: "A vida".

1.5. Cantar juntos

Um dos meios mais fortes para expressar e fazer crescer a união é o canto e a música. Todos devem poder cantar, pelo menos os refrões. Por isso, devem-se escolher cantos conhecidos ou, então, fazer um pequeno ensaio dos cantos novos no início da celebração. É bom que haja um animador do canto, instrumentistas e uma pequena equipe que sustente o canto de toda a comunidade.[3]

1.6. Oração em comum

A oração dos fiéis (ou oração da comunidade) deve ser de todos: quem quiser poderá fazer uma prece, um pedido, uma intercessão...

As outras orações, as respostas, as aclamações, os gestos e as atitudes feitas em comum (andando, levantando as mãos, rezando juntos o pai-nosso...) nos ajudam a nos unir mais e nos sentirmos uma comunidade.

1.7. Abraço da paz

Entre esses gestos se destaca o abraço da paz. Nas cartas de são Paulo, lemos várias vezes: "Cumprimentem uns aos outros com um beijo fraternal". Vejam, por exemplo: Romanos 16,16; 1 Coríntios 16,20; 2 Coríntios 13,12; 1 Tessalonicenses 5,26; 1 Pedro 5,14. A Bíblia de Jerusalém diz que se trata do "beijo litúrgico, sinal de fraternidade e de união entre os cristãos".

Provavelmente, nos primeiros séculos do cristianismo, o abraço da paz era dado antes da oração eucarística, como ainda é costume nas Igrejas orientais. Nas Igrejas norte-africanas e italianas do século VI, ele era dado após a oração eucarística como rito preparatório à comunhão, tal como o fazemos hoje na missa do rito romano.[4]

---

[3] Vejam, no Anexo, no final do livro, o roteiro dos cantos que convêm na celebração dominical da Palavra. Não deixem de estudar também: CNBB. *A música litúrgica no Brasil*. São Paulo, Paulus, 2000 (Estudos, 79).

[4] VERHEUL, A. *A estrutura fundamental da Eucaristia*. São Paulo, Paulus, 1982. pp. 101-102.

E em nossas celebrações, quando vamos dar o abraço da paz? Há várias possibilidades, conforme o sentido que queremos dar a esse abraço:

a) O abraço como sinal de união

Em Cristo somos todos irmãos, reunidos em seu amor: "Todos vocês são um só em Jesus Cristo" (Gálatas 3,28). "Bendito seja Deus que nos reuniu no amor de Cristo." A nossa união não se baseia somente em amizade, simpatia ou interesses comuns. Ela tem como fundamento o amor de Cristo e o seu Reino. Por causa dele, queremos bem uns aos outros.

Assim, o abraço poderá ser dado:

- na saudação, logo após o "Bendito seja Deus que nos reuniu no amor de Cristo";
- entre o pai-nosso e a comunhão;
- no final da celebração, expressando o compromisso de fortalecer a união na comunidade.

b) O abraço como reconciliação

Só é possível viver em comunidade se aprendermos a perdoar uns aos outros, sempre de novo; a nos aceitar mutuamente com todas as nossas dificuldades, nossas opiniões divergentes...

Sem perdão aos irmãos, não é possível esperar o perdão de Deus:

Perdoai-nos as nossas ofensas assim como nós perdoamos a quem nos tem ofendido (pai-nosso).
Se você for até o altar para levar a sua oferta e aí se lembrar de que o seu irmão tem alguma coisa contra você, deixe a oferta aí diante do altar, e vá primeiro fazer as pazes com seu irmão; depois, volte para apresentar a oferta (Mateus 5,23-24).

"Quantas vezes devo perdoar, se meu irmão pecar contra mim? Até sete vezes?" Jesus respondeu: "Não lhe digo que até sete vezes, mas até setenta vezes sete" (Mateus 18,21-22).

O abraço de reconciliação cabe perfeitamente:

- no início da celebração (após a saudação, por exemplo);
- no rito penitencial;
- após a homilia, principalmente quando as leituras falarem do perdão e da reconciliação;
- antes da comunhão.

c) O abraço como desejo de shalom

Shalom é uma palavra hebraica difícil de ser traduzida. É um cumprimento muito comum entre os judeus, cheio de significado, que nós costumamos traduzir por "paz" ou "A paz esteja com você". *Shalom* é o bem-estar total, no plano físico, psicológico e espiritual. É comida e saúde para todos, é um bom relacionamento entre nós; é liberdade. É o estado do ser humano que vive em harmonia consigo mesmo, com a natureza, com os irmãos e com Deus.

Shalom é bênção, felicidade, paz, justiça, vida. Os profetas disseram que este *Shalom* iria se realizar com a vinda do Messias. É por isso que Jesus disse a seus discípulos, nos encontros após a ressurreição: "*Shalom!* A paz esteja com vocês"! Em cada celebração, ele vem nos dar a paz, a verdadeira paz, o *shalom* prometido por Deus.

Em que momento da celebração podemos dar o abraço com o significado de *shalom*, o "abraço da paz"? Após a saudação, após a homilia, após as preces ou ainda antes da comunhão.

1.8. A coleta: tudo em comum

Os primeiros cristãos da comunidade de Jerusalém compreendiam que o Reino de Deus significa "tudo em comum":

> Ninguém considerava propriedade particular as coisas que possuía, mas tudo era posto em comum entre eles. Com grande poder, os apóstolos da-

vam testemunho da ressurreição do Senhor Jesus. E todos eles gozavam de grande aceitação. Entre eles ninguém passava necessidade, pois aqueles que possuíam terras ou casas as vendiam, traziam o dinheiro e o colocavam aos pés dos apóstolos; ele era distribuído a cada um conforme a sua necessidade (Atos 4,32-35).

Mais tarde, os cristãos de Corinto e da Galácia, quando ficaram sabendo das necessidades de seus irmãos em Jerusalém, fizeram uma grande coleta organizada por Paulo (1 Coríntios 16,1-4; 2 Coríntios 8-9; Gálatas 2,10). Também os cristãos de Antioquia fizeram uma coleta para ajudar os irmãos da Judéia que estavam passando fome (Atos 11,27-30). Todos os cristãos eram convidados a cuidar do sustento de seus evangelizadores e mestres na fé e a ajudá-los em suas necessidades (Gálatas 6,6; Romanos 15,25-27; 1 Coríntios 9,3-14; Filipenses 4,18).

A reunião de domingo parece ter sido o momento oportuno para cada um trazer a sua parte. Pelo menos é o que vemos em 1 Coríntios 16,1-4: Paulo pede que separem seus donativos para a comunidade de Jerusalém a cada domingo. Em alguns lugares, os donativos eram entregues antes da missa, num local separado (a nossa sacristia, digamos). Em outros lugares, esses donativos eram associados ao pão e ao vinho para a celebração eucarística, que eram "oferecidos", como que antecipando a grande oferta feita na oração eucarística.[5]

Também hoje é costume associar celebração e coleta de donativos. Na celebração do domingo o povo traz:

• dinheiro do dízimo para o sustento da vida comunitária (ministros, local, viagens, material pastoral, projetos comunitários);

• dinheiro, mantimentos, roupas, material de construção etc. para os necessitados da comunidade ou para outros que estão pedindo nossa solidariedade. O velho ideal das primeiras comunidades onde "não havia ne-

---

[5] JUNGMANN, J. *El sacrificio de la misa*: tratado histórico-litúrgico. 2. ed. Madrid, Herder/Editorial Católica, 1953. pp. 629-655.

cessitados entre eles" está de novo despertando a generosidade e o fervor dos cristãos. Liturgia, caridade e justiça estão se reencontrando significativamente.

Em muitas celebrações, essa coleta de donativos vem acompanhada de uma "oferta" de objetos simbólicos representando nossa vida, nossas lutas, nossos sofrimentos e esperanças: tijolos, instrumentos de trabalho, um abaixo-assinado, flores, o artesanato produzido por um grupo da comunidade, desenhos das crianças etc. Organiza-se uma pequena procissão com canto em que essas "ofertas" são colocadas diante do altar.

É uma prática bastante divulgada. Mas, do ponto de vista litúrgico-teológico, ela esconde um grande problema:

Podemos realmente falar de uma "oferta", em sentido litúrgico, fora da missa? Podemos organizar um oferecimento ritual ou oblação fora da liturgia eucarística? É possível fazer um oferecimento espiritual de nossas vidas, levando as "ofertas" ao altar, sem associá-lo ao sacrifício de Jesus, Cristo na celebração eucarística?

São questões importantíssimas, mas ainda pouco aprofundadas. Por isso, sem querer pôr um ponto final ou propor soluções definitivas, façamos as seguintes colocações provisórias:

No Novo Testamento, a coleta em favor dos irmãos necessitados, assim como a ajuda no sustento dos ministros, é apresentada como um sacrifício, uma oferta agradável a Deus (Hebreus 13,16; Filipenses 4,18; Atos 4,35.37),[6] como, aliás, o eram as ofertas pelos pobres nas liturgias da sinagoga.[7]

Também a nossa vida e o serviço do Evangelho são apresentados no Novo Testamento como uma oferta espiritual, uma oblação, um sacrifício, uma liturgia (Romanos 12,1-2; 1 Pedro 2,4-5; Romanos 15,15-16).

---

[6] A expressão "depositar aos pés dos apóstolos" tem um sentido sacrificial: VON ALLMEN, J. J. *O culto cristão*: teologia e prática. São Paulo, Aste, 1968. p. 220, nota 152.

[7] PORTO, Humberto. *Liturgia judaica e liturgia cristã*. São Paulo, Paulus, 1977. pp. 260-263.

Mas podemos supor que a única expressão litúrgica dessa vida de oferta ou oblação tenha sido a liturgia eucarística, em que incluímos tudo isso na única oferta ou oblação ou sacrifício da Nova Aliança: a oferta de Jesus Cristo ao Pai, seu sacrifício de louvor. O momento celebrativo dessa oblação é a oração eucarística seguida da fração do pão e da comunhão. A apresentação das oferendas, infelizmente às vezes chamada de "ofertório", não é oblação, não é oferta: é apenas um trazer e preparar o pão e o vinho que servirão para a ceia. Só tem sentido quando relacionada com a oferta eucarística que vem a seguir.

Fora da liturgia eucarística, qualquer tipo de "ofertório" ou oferecimento ritual ou oblação parece, pois, problemático.[8] Por isso, é melhor não falar em "oferta", mas em "coleta" para o sustento dos necessitados e da vida comunitária, como expressão de nossa vida em comum.[9] Os cantos que acompanham essa coleta não devem ser cantos de "ofertório", mas cantos que falam da partilha dos bens e da vida em comum: "Os cristãos tinham tudo em comum (estrofes 1 e 2), "Sabes, Senhor, o que tenho é tão pouco pra dar [...]" e outros semelhantes.

Podemos concluir essa coleta com uma oração, sem no entanto expressar o sentido sacrificial que costuma estar presente nas orações sobre as oferendas, antecipando o sentido da oração eucarística. É preferível simplesmente expressar diante de Deus nossa disponibilidade de viver a partilha fraterna, a solidariedade com os irmãos e a vida em comum para o bem-estar de todos, que são uma característica do Reino de Deus que está crescendo entre nós. Podemos ainda lembrar o exemplo de Jesus Cristo que se fez pobre para nos tornar ricos na fé (2 Coríntios 8,9) e a ação de graças que certamente será o fruto de nossa generosidade (2 Coríntios 9,11-14).

---

[8] Lutz, Gregório. *RL*, n. 52, p. 12.

[9] Ibid., p. 13.

Um outro problema de algum modo relacionado com a coleta é o dinheiro que as pessoas querem dar para que se reze pelos seus falecidos. Acostumados com a "espórtula" da missa por alma dos defuntos, querem dar dinheiro também na celebração da Palavra. Talvez a solução mais simples seja a de fazer uma prece pelo falecido na oração dos fiéis e convidar a pessoa a depositar o dinheiro na cesta na hora da coleta, porém não como "pagamento" pela prece, mas como contribuição para a vida comunitária.

Quanto às expressões simbólicas de nossa vida e da caminhada da comunidade, poderiam talvez ser consideradas como uma antecipação da Eucaristia, já que a atitude de oferta é básica na vida cristã e poderia atrofiar por falta de uma expressão ritual. Ou seja, faz-se a apresentação simbólica e a oferta de nossa vida, preparando e antecipando o momento de uma futura celebração eucarística.

1.9. Colocação dos assentos

Se é tão importante a reunião dos irmãos, então, até mesmo a *colocação das cadeiras* ou bancos deve facilitar o diálogo, o entrosamento na celebração. É muito mais fácil celebrar juntos e sentir-se unido aos irmãos quando estamos sentados em meio-círculo do que quando ficamos sentados em fileira um atrás do outro, como em um ônibus.

1.10. Avisos

Os avisos no final da celebração são muito importantes: a celebração deve nos ajudar a viver mais unidos, mais ativos, mais solidários... De preferência devem ser dados pelas pessoas interessadas em que todos sejam informados: uma catequista fala dos horários dos grupos de catequese; o coordenador da CPT coloca a comunidade a par do trabalho que seu grupo está realizando; um jovem convida os outros jovens para um dia de estudo; alguém do grupo de mulheres pede ajuda para passar de casa em casa pedindo assinaturas para uma reivindicação à prefeitura...

2. Encontro do povo com Deus

A celebração lítúrgica não é somente encontro de irmãos e irmãs, mas também encontro do povo com Deus.

2.1. É Deus quem convoca

A reunião litúrgica é uma assembléia do povo de Deus. O povo está caminhando. De vez em quando, Deus manda chamar e reunir o povo para que ouça a sua Palavra, renove a Aliança com ele e chegue mais perto da Terra Prometida. De celebração em celebração, o povo vai crescendo na fé, em clima pascal. Assim aconteceu com o povo de Israel; assim acontece com o povo da nova Aliança.

Quem nos chama para a reunião? É dona Maria. É sr. João. É o Mané. É a irmã Margarida. É o padre José. Mas, no fundo, no fundo, é o próprio Deus. Foi ele quem disse: "Reúna o povo junto a mim" (Deuteronômio 4,10). É Deus quem chama e nos convoca para a celebração do domingo. A nós cabe responder ao chamado e ficar de coração aberto para acolher tudo aquilo que Deus quiser falar, pedir ou realizar. A nós cabe cantar, com prazer, ou louvores do Senhor:

> Vocês, porém, são raça eleita sacerdócio régio, nação santa, povo adquirido por Deus, para proclamar as obras maravilhosas daquele que chamou vocês das trevas para a sua luz maravilhosa. Vocês que antes não eram povo, agora são povo de Deus (1 Pedro 2,9-10).

2.2. Não estamos sós

Nessa proclamação das maravilhas de Deus não estamos sós: a nossa pequena comunidade está unida a todas as outras comunidades da região, do país, da América Latina, do mundo inteiro... E até mesmo aos anjos e santos que vêm participar conosco:

> Vocês se aproximaram do monte Sião e da Jerusalém celeste, a cidade do Deus vivo. Vocês se aproximaram de milhares de anjos reunidos em festa, e

da assembléia dos primogênitos, que têm o nome inscrito no céu. Vocês se aproximaram de Deus, que é juiz de todos. Vocês se aproximaram dos espíritos justos que chegaram à meta final, e de Jesus, o mediador de uma nova aliança. Vocês se aproximaram do sangue da aspersão, que fala muito mais alto que o sangue de Abel (Hebreus 12,22-24).

2.3. O Esposo e a esposa

O mais importante, é claro, é o próprio Jesus. É graças a ele, por ele, com ele e nele que estamos unidos ao Pai, na unidade do Espírito Santo.

Quando duas pessoas se amam, o relacionamento delas irradia ternura, confiança, aceitação, comunhão, alegria profunda. Nós somos o povo amado por Deus; somos a esposa que Cristo, o Esposo, conquistou. Será que as nossas liturgias revelam e intensificam esse relacionamento entre Deus e nós? Será que existe, de fato, esse contato afetivo, cheio de confiança, essa comunhão? Como expressar essa realidade profunda na celebração, de tal modo que todos participem dela? O que podemos fazer da nossa parte, para que, por meio dos sinais sensíveis, o Pai, Jesus Cristo e o Espírito Santo "apareçam" em nossas celebrações?

2.4. É uma questão de fé

Antes de mais nada, é uma questão de fé. Somente quem vem à celebração procurando se encontrar com o Senhor o encontrará. Aí tudo poderá se tornar para ele meio de comunicação com Deus: o encontro com o irmão, a leitura e partilha da Palavra, a oração da comunidade, a partilha fraterna dos alimentos ou a comunhão eucarística.

Muito depende também da atitude de todos aqueles que exercem um ministério na celebração: o presidente (coordenador, animador ou dirigente), os leitores, os cantores... na sua fala ou seu canto, nos seus gestos, sempre devem incluir aquela "terceira pessoa" que é a razão de ser de nossa celebração: Deus, Jesus Cristo. Não basta dizer: "Senhor, nosso Deus"; é preciso se dirigir, de fato, a ele. Não basta cantar: "Senhor, tende piedade de nós"; é preciso, de fato, implorar sua ajuda e sua misericórdia.

O tom impessoal, aquele jeito frio, rotineiro e desligado de falar orações, não é a melhor maneira de exprimir nosso amor e nossa admiração por Deus.

2.5. Os ritos iniciais

Gostaríamos de lembrar a importância dos *ritos iniciais*: vários elementos desses ritos têm o objetivo de nos colocar face a face com Deus, de nos fazer tomar consciência da presença de Jesus Cristo e de lembrar o Espírito Santo que foi derramado sobre nós. Vejamos:

• o altar representa Jesus Cristo. Em algumas comunidades as pessoas, ao chegarem à igreja, beijam a toalha que cobre o altar, em sinal de *adoração*. Outras olham o crucifixo e fazem o "pelo sinal", outras beijam a cruz e alguma imagem de Maria ou de um santo de sua devoção;

• naquelas comunidades onde fica guardado o Santíssimo, as pessoas chegam, ajoelham e *rezam alguns momentos em silêncio*;

• as *velas acesas* são expressão de nossa fé. O círio pascal representa o Cristo ressuscitado; sendo o domingo nossa "páscoa semanal", é significativo deixar o círio aceso durante a celebração (com exceção do advento e da quaresma). Também as flores colocadas ou trazidas para cada celebração são uma expressão de fé e de amor por aquele que nos chamou para celebrar. Algum cartaz, um símbolo, uma fotografia... podem evocar o espírito da festa ou do Evangelho do dia;

• *colocar-se de pé* para o canto de entrada (assim como para o Evangelho, as orações etc.) é um sinal de nossa prontidão em acolher o Senhor, de nosso respeito, nosso temor e nossa disponibilidade em segui-lo;

• o *canto de entrada* deve nos colocar, como comunidade, diante do Senhor, reconhecendo sua presença e seu amor por nós. Portanto, a escolha desse canto é muito importante;

• o *sinal-da-cruz*, "em nome do Pai e do Filho e do Espírito Santo", nos faz tomar consciência de quem somos. É como se nos vestíssemos naquele momento com o "homem novo", Jesus Cristo, que morreu por nós e, ressuscitando, fez de nós participantes da vida da Santíssima Trindade;

• a *saudação* do dirigente é uma bênção de Deus. É como se o próprio Deus nos acolhesse na sua casa e nos desejasse todo o bem: "A graça e a paz de Deus, nosso Pai, e de Jesus Cristo, nosso Senhor, estejam com todos vocês" — "A graça de nosso Senhor Jesus Cristo, o amor do Pai e a comunhão do Espírito Santo estejam com todos vocês".

Poderemos encontrar outras saudações semelhantes no Novo Testamento, ou criar outras no espírito da festa do dia:

★ A graça de nosso Senhor Jesus Cristo, cuja vinda aguardamos, esteja com todos nós!

★ A todos vocês, graça e paz da parte daquele que é, que era e que vem (Apocalipse 1,4).

★ A todos nós aqui presentes, amados de Deus e chamados à santidade, graça e paz da parte de Deus, nosso Pai, e do Senhor Jesus Cristo (Romanos 1,7).

★ A graça de Deus, nosso Pai, e de Jesus Cristo, água viva para estancar nossa sede, esteja com todos nós!

★ Irmãos, Cristo nos prometeu enviar o Espírito Santo como nosso defensor. Sua graça e sua paz estejam com todos nós.

★ A graça e a paz de Deus, nosso Pai, que revela seus segredos aos pequenos e humildes, estejam com todos nós.

★ Irmãos, anuncio a vocês uma grande alegria, que será para todo o povo: nasceu para vocês hoje um Salvador, que é o Cristo Senhor. Sua graça e a paz que ele veio trazer estejam com todos nós (Lucas 2,10-11).

• Para lembrar o nosso batismo, que fez de nós participantes da vida divina, podemos fazer a aspersão com água no lugar do rito penitencial:[10]

> ★ Faz-se uma oração pedindo que Deus abençoe aquela água que irá lembrar para nós a água do batismo.
>
> ★ Mergulha-se um raminho verde numa vasilha com água e com ele espalha-se a água sobre toda a comunidade, que canta uma música apropriada e faz o sinal-da-cruz.
>
> ★ Em vez de espalhar a água com o raminho, cada um poderá vir até a água, molhar as mãos (e o rosto, se quiser...) e fazer o sinal-da-cruz.

• antes da oração inicial, feita pelo dirigente ou animador, deve haver um tempo de *silêncio*, após o "oremos", para cada um se colocar diante de Deus, tomar consciência de sua presença e de nossa ligação com ele.

No tempo pascal, a aspersão com água poderá ser associada à profissão de fé, por exemplo, da seguinte maneira:

Presidência:	Irmãos e irmãs, professemos a nossa fé.
Todos:	Creio em Deus...
Presidência:	Peçamos ao Senhor, nosso Deus, que abençoe esta água que vai ser aspergida sobre nós, lembrando o nosso batismo... (silêncio). Senhor, nosso Deus, que ressuscitaste o teu Filho Jesus dos mortos, abençoe esta água. Que ela nos lave de toda maldade e nos faça viver a vida nova de ressuscitados e ressuscitadas. Isto te pedimos pelo mesmo Cristo, nosso Senhor, na unidade do Espírito Santo.
Todos:	Amém.

---

[10] Para o canto que acompanha a aspersão, vejam, no final deste livro, o Anexo *Roteiro de cantos para a celebração dominical da Palavra de Deus* e também H3. pp. 83-89. Vejam ainda textos no *Missal Romano* ou no DS.

2.6. Este chão é sagrado

A nossa atenção para com o Senhor presente na celebração deve ser tão palpável, tão visível, que uma pessoa de fora poderia perceber que algo importante está acontecendo.

Devemos ter para com o Senhor o mesmo sentimento de Moisés quando ouviu no deserto, perto da sarça ardente: "Moisés, Moisés [...]. Não se aproxime. Tire as sandálias dos pés porque este lugar é chão sagrado!" (Êxodo 3,5). Ou como Jacó que, em sonho, viu uma escada ligando o céu e a terra e os anjos subindo e descendo; ao acordar, ele disse: "De fato, o Senhor está neste lugar e eu não sabia [...]. Este lugar é terrível. Não é nada menos que a Casa de Deus e a Porta do Céu!" (Gênesis 28,16-17). Ou ainda como João que estava exilado na ilha de Patmos e viu o Cristo Ressuscitado no dia do Senhor (Apocalipse 1,9-20). Ou como Tomé que primeiro não acreditou e depois foi convidado a colocar os dedos nas chagas de Jesus (João 20,24-29). Ou como os discípulos reunidos quando Jesus entrou no meio deles e disse: "A paz esteja com vocês" (João 20,19b.21.26).

3. Um corpo comunitário

Há ainda um terceiro aspecto que deve ser lembrado, quando falamos da reunião do povo para a celebração. São Paulo diz que a comunidade é como um corpo, em que cada um tem uma função diferente a serviço do bem comum. A assembléia litúrgica é como um retrato da comunidade. Nela deveremos encontrar pessoas exercendo vários serviços, vários ministérios a serviço do bem comum.

3.1. Vários dons e carismas

Isto quer dizer que todas as pessoas devem ter oportunidade de colocar seus dons a serviço da comunidade, também na celebração: quem sabe cantar, que cante; quem toca um instrumento, que toque; quem sabe puxar a reza, que tenha oportunidade de fazê-lo; quem gosta de preparar o local da celebração, que o faça; quem tem o dom de presidir ou dirigir a oração, que possa fazê-lo... Se há muitas pessoas com o mesmo dom, que trabalhem em equipe ou em rodízio.

3.2. A equipe de liturgia

Isto quer dizer também que deve haver uma pequena equipe que prepare as celebrações, para que cada um possa fazer o seu serviço com conhecimento de causa e que se responsabilizem juntos pela celebração: dirigentes e animadores, leitores, cantores e instrumentistas, acólitos, sacristão ou sacristã, ministros extraordinários da comunhão eucarística, equipe de acolhimento ou o dono e a dona da casa onde será feita a celebração.[11]

3.3. A presidência

Entre esses ministérios ou serviços, há um que merece maior atenção: *o ministério de quem preside.* Na expressão de são João Crisóstomo, a comunidade é como um corpo comunitário.[12] Um corpo é coordenado por uma cabeça. A Igreja sabe que sua cabeça é Jesus Cristo. Ele é o único dirigente, e o Espírito Santo é o único animador, a "alma" da comunidade. Mas queremos entre nós um sinal visível, um sacramento de Cristo-Cabeça. Na missa é o bispo ou o padre que assume a presidência como sacramento do Cristo-Cabeça. Por isso, há um lugar reservado para ele na celebração: a cadeira da presidência. Em outras celebrações, como, por exemplo, na liturgia das Horas, qualquer cristão pode presidir, mas, nesse caso, quem preside "é apenas um entre os demais".[13]

---

[11] Para a função, organização e formação da equipe de liturgia, vejam: BUYST, Ione. *Equipe de liturgia.* 15. ed. Petrópolis, Vozes. (Coleção Equipe de Liturgia, 1.)

[12] In 2Cor Hom 18,3

[13] *Introdução geral à liturgia das horas,* n. 258.

Em algumas dioceses, há também diáconos permanentes que receberam a ordenação não para o sacerdócio, mas para o ministério.[14] Assim mesmo presidem celebrações do batismo, do matrimônio, as celebrações do domingo em torno da Palavra entre outras.

Na maior parte das celebrações dominicais da palavra de Deus, a presidência é assumida por leigos e leigas. Coordenam a comunidade celebrante, coordenam os outros ministérios, coordenam a celebração. Acolhem o povo celebrante, em nome de Deus, com a saudação bíblica (ou, no caso de se seguir o esquema do ofício divino, cantam a abertura). Proferem as orações, o convite às preces e ao pai-nosso. Cantam ou proclamam a ação de graças (louvação, bênção, bendição...). São responsáveis pela homilia e pela distribuição da sagrada comunhão, se houver. Pedem a Deus a bênção para a comunidade. Despedem a comunidade.

Às vezes, a presidência é assumida por uma pessoa só, individualmente. Na maior parte das vezes, algumas funções da presidência são realizadas por outras pessoas; assim, por exemplo, a homilia, a distribuição da sagrada comunhão. Essa "presidência partilhada", como costuma ser chamada, é um forte testemunho de comunhão eclesial. Evite o "monopólio", que dá a impressão de a presidência estar acima da comunidade e ter poder sobre ela; o que seria contrário ao Evangelho de nosso Senhor Jesus Cristo, que se apresenta entre nós como servo, como servidor.

Podemos dizer que o serviço principal da presidência é tecer relações: entre Deus e o seu povo, entre os ministérios e a comunidade celebrante, entre os vários ministérios... Deve ser como um bom pai ou mãe de família. Nunca deve estar preocupada consigo mesma ou com o seu cargo, mas com a comunidade. Seu maior empenho deve estar em fazer das pessoas reunidas uma assembléia, uma comunidade participante, um povo celebrante, sacerdotal.

---

[14] *Lumen Gentium*, n. 29.

E, por falar em mãe de família, na presidência de uma celebração da palavra as mulheres não são excluídas; na prática, são a maioria. Podemos assim experimentar a novidade evangélica de que — em Cristo — não há discriminação por causa de etnia, condição social ou gênero. O que vale é o batismo, que é igual para todos e todas:

> Vocês todos são filhos de Deus pela fé em Jesus Cristo, pois todos vocês, que foram batizados em Cristo, se revestiram de Cristo. Não há mais diferença entre judeu e grego, entre escravo e homem livre, entre homem e mulher, pois todos vocês são um só em Jesus Cristo (Gálatas 3,26-28).

Desse modo, os dons e carismas que o Espírito Santo concede com tanta generosidade a tantas mulheres por este Brasil afora (pensemos nas centenas de benzedeiras e rezadeiras) podem, enfim, aflorar também na liturgia, para o bem de todo o povo de Deus.

Mas, sejam homens ou mulheres, diáconos ou leigos, todos precisam receber uma preparação séria para que possam fazer seu trabalho a serviço da comunidade com jeito e conhecimento de causa.

Para a reunião da equipe

1) *As nossas celebrações de domingo são verdadeiros encontros de irmãos? Sim? Não? Por quê? O que pode melhorar?*

2) *São também verdadeiros encontros com o Senhor? Sim? Não? Por quê? O que pode melhorar?*

3) *Os ministérios litúrgicos (leigos, cantores etc., principalmente a presidência) estão sendo vividos, em toda simplicidade, como um serviço prestado à comunidade, ou estão sendo motivo de orgulho, de inveja, de desunião, de discriminação? O que pode melhorar? Como fazer?*

III

A PALAVRA DE DEUS

Para que Deus possa falar a seu povo hoje, precisamos de três coisas que se complementam:[1] a comunidade, a realidade e a Bíblia. Quando uma comunidade de fé ouve o texto bíblico, tendo como pano de fundo a sua própria realidade de vida, aí Deus tem chance de dizer sua palavra de salvação, sua palavra de libertação para nós, hoje. Porque Deus continua falando hoje, como sempre fez, dentro dos acontecimentos, dentro da história do povo de Deus.

A Bíblia nasceu deste método de leitura: interpretação dos acontecimentos da vida e da história do povo, pela comunidade de fé, comparando com a presença e a ação de Deus em outras épocas, narradas nas Escrituras: Bíblia e vida, uma explicando a outra, com a ajuda do Espírito Santo presente na comunidade. A redescoberta e divulgação do método da *leitura orante* (ou *lectio divina*) nas comunidades têm ajudado muito, tanto na celebração como na preparação desta.[2]

---

[1] Os parágrafos seguintes têm seu ponto de partida em Carlos Mesters, Flor sem defesa. In: *Sedoc.* Petrópolis, 9 (95): 326-392, out. 1976.

[2] Para a explicação e o estudo do método, vejam, entre outros: *Leitura orante da Bíblia*. São Paulo, Publicações CRB/Loyola, 1990. (Coleção Tua palavra é vida, n. 1.) *Lectio Divina ontem e hoje*. 2. ed. revista e aumentada. Juiz de Fora, Mosteiro da Santa Cruz, 1999. BUYST, Ione. O método da leitura orante na experiência litúrgica. In: *Cristo ressuscitou:* meditação litúrgica com um hino pascal. São Paulo, Paulus, 1995. (Coleção Liturgia e Teologia); BUYST, Ione. Leitura orante da Bíblia como caminho de espiritualidade. In: CCJ — Centro de Capacitação da Juventude. *Espiritualidade:* algo novo está nascendo. São Paulo, 1996. (Cadernos de Estudos da Pastoral da Juventude do Brasil).

"Quando se lêem as Sagradas Escrituras na comunidade reunida, é Cristo mesmo que está falando" (cf. SC n. 7).

Comunidade, Bíblia, vida: com essas três é que se faz uma liturgia da Palavra. Faltando uma delas, Deus fica mudo.

1. A comunidade

Entramos na celebração carregando dentro de nós toda a nossa vida, cheia de problemas e alegrias, de esperanças e dificuldades, de vitórias e derrotas; não só nossas, mas de toda a comunidade, do bairro, e até mesmo do país ou de outros lugares do mundo. É importante que tudo isso esteja bem presente dentro de nós, porque Deus vai nos falar a respeito dessa realidade, desses acontecimentos, desta vida. Porque é dentro dela que o Reino de Deus deverá crescer.

Na hora da leitura e da homilia é preciso ouvir. Não só com os ouvidos, mas também com a cabeça e o coração. É preciso ouvir numa atitude de fé, de oração, de prontidão para fazer o que Deus poderá pedir de nós.

Na hora da partilha da Palavra ou da homilia, dialogada, devemos também falar, pois Deus mistura a sua fala à fala dos irmãos da comunidade. É na conversa, no diálogo sobre o texto da Bíblia e sobre a nossa vida que aparece o que Deus quer nos dizer hoje. Sabemos que o Espírito Santo está presente em cada um de nós e poderá manifestar-se por qualquer um dos participantes. Nem tudo o que se fala nesse diálogo é Palavra de Deus, mas é preciso tentar perceber a Palavra dele que vem misturada nas palavras humanas. Às vezes será uma proposta, outras vezes uma denúncia, outras vezes um pedido insistente ou uma ameaça, outras vezes ainda uma palavra de esperança e de ânimo na dura luta da vida.

2. A Bíblia

A Bíblia nos conta a caminhada do povo de Deus. Encontramos dentro dela histórias do tempo de Abraão, do tempo da escravidão no Egito quando Moisés guiou seu povo pelo deserto até a Terra Prometida, do tempo do exílio na Babilônia, dos profetas... Encontramos também o testemunho das primeiras comunidades cristãs, a respeito de Jesus de Nazaré, o Cristo, de quem falam as Escrituras.

Hoje estamos na mesma caminhada. Aprendemos com as lições do passado para perceber o que Deus pede de nós, aqui e agora. Aprendemos principalmente com o Novo Testamento: os Evangelhos, os Atos dos Apóstolos, as Cartas, o Apocalipse...

A Bíblia deve ter, pois, um lugar de honra: na estante da Palavra. Antigamente havia em algumas igrejas dois *sacrários*: um para guardar a Eucaristia e outro para guardar a Bíblia.[3]

2.1. Escolha da leitura

Que passagem da Bíblia devemos escolher para a leitura?

• Podemos seguir o Lecionário (livro de leituras) preparado para as missas de domingo, fazer as três leituras indicadas, ou ler somente o Evangelho ou, ainda, fazer uma leitura, mais o Evangelho.

• Podemos escolher leituras de acordo com os fatos da vida ocorridos naquela semana. Fatos importantes devem ser refletidos na comunidade, à luz de nossa fé e tendo como ponto de referência as Escrituras. Isto supõe que toda a comunidade ou um de seus membros esteja familiarizado com a Bíblia para poder escolher a passagem bíblica de acordo com cada realidade. Nos dias de festa (Páscoa, Natal etc.) ou nos chamados tempos litúrgicos "fortes" (Advento, Tempo de Natal, Quaresma, Tempo Pascal), é melhor seguir o lecionário.

---

[3] Lutz, Gregório. *RL*, n. 52, p. 4, jul./ago. 1982.

• Normalmente, teremos primeiro uma leitura do Antigo Testamento, seguida por um salmo; depois uma segunda leitura do Novo Testamento; depois, o Evangelho precedido por uma aclamação. Mas podemos também seguir outro esquema: o da vigília pascal, por exemplo: leitura, salmo, oração; outra leitura, salmo, oração; e assim por diante... quantas leituras quisermos, terminando com a proclamação do Evangelho. Ou o esquema do ofício das leituras da liturgia das Horas: primeiro uma série de salmos, depois as leituras com breves respostas, silêncio, preces e orações.

2.2. Leituras não bíblicas?

Na liturgia das Horas se faz também a leitura de escritos dos santos padres e da vida dos santos. Isto nos faz lembrar a pergunta de muitas comunidades: "Podemos, às vezes, substituir a leitura da Bíblia por um documento dos bispos, ou uma carta de um missionário, ou de uma outra comunidade, ou pela vida de nossos mártires, ou por trechos do jornal ou poesias?" Nunca devemos substituir a leitura da Bíblia por qualquer texto que seja. Mas podemos e devemos acrescentar outros textos que nos ajudem a compreender a Palavra de Deus dentro da vida. Portanto, todos os textos citados anteriormente cabem na liturgia, mas é preciso escolher o momento certo. Talvez possam servir como introdução à liturgia da Palavra ou serem intercalados com as leituras, como pano de fundo a partir do qual as leituras bíblicas ganharão novo colorido... Ou poderão ser inseridos dentro da homilia. A própria Bíblia nos dá pistas neste sentido. Vejam, por exemplo, Lucas 24,13-27: no caminho de Emaús, Jesus começa a liturgia da Palavra perguntando por que os dois estão tristes, e depois que terminaram de contar todos os fatos ocorridos, Jesus faz a ligação de tudo isso com as Escrituras. Coisa semelhante encontramos em Atos 4,23-31 e em muitas outras passagens.

2.3. Leitor e ouvintes

Como deve ser feita a leitura? Geralmente, alguém que preparou a leitura antes pega o livro nas mãos, ou vai até a Estante da Palavra, e lê bem pausadamente e de maneira clara e compreensível para todos. Principalmente entre as pessoas que não têm o costume de ler, ou seja, nas comunidades chamadas de *cultura oral*, é preferível que a leitura não seja lida, mas contada ou dramatizada (encenada).

Para que possamos aproveitar bem a leitura, é importante que o leitor ou o dirigente faça uma introdução, dizendo em que circunstâncias foi escrita, por quem, para quem etc. Durante a leitura, a comunidade não deve acompanhar lendo, nem na Bíblia nem em folheto. É preciso ouvir atentamente, olhando para os leitores. Senão, individualizamos a leitura; perdemos ou diminuímos seu aspecto comunitário. Deus não vem para falar a indivíduos, mas a uma comunidade.

2.4. O salmo de resposta

Também o salmo de resposta é um tipo de leitura da Bíblia. Por isso, é cantado ou recitado por um ministro ou ministra, chamado "salmista"; a comunidade ouve atentamente e responde (normalmente a cada verso), cantando o refrão.

O salmo é tirado da Bíblia. É tão importante quanto as outras leituras. Por isso, é melhor nunca substituí-lo por um canto qualquer, às vezes chamado "de meditação".

3. A vida

A vida, a realidade, os fatos, os acontecimentos, a história: este é o terceiro elemento necessário para que Deus possa nos falar.

3.1. Leitura crítica da realidade[4]

Há várias maneiras de deixar a vida entrar na celebração. A maneira mais característica de a Igreja latino-americana tratar a realidade é fazer a

---

[4] Comparem: PROGRAMA DE REFLEXIÓN TEOLÓGICA LATINO-AMERICANA. *Que és el programa?* Módulo introductorio. Equipo coordenador de teólogos-educadores. Bogotá, 1981.

leitura *crítica* da história. A leitura crítica procura pelas causas dos acontecimentos e tem como objetivo a transformação dessa realidade. Por exemplo, não fala apenas da pobreza e da opressão, mas procura mostrar por que existe e cresce a pobreza, quem está interessado em que continue existindo, e quais os possíveis caminhos para sair dela.

A leitura crítica não vê os acontecimentos de maneira isolada, mas no contexto maior da história de um povo, da política do país, ou do mundo inteiro. Se um pequeno grupo de posseiros tem sua casa queimada pelo latifúndio, isto só pode ser explicado no contexto maior de um país onde alguns — os poderosos — têm interesse em que não se faça a necessária reforma agrária. Uma leitura não crítica talvez dissesse aos posseiros: "Não se revoltem. A vida é assim mesmo. Deus quis assim. Vão para outro lugar e recomecem a vida". A leitura crítica percebe a responsabilidade da humanidade em toda a história. Se, portanto, a pobreza, a miséria e a opressão entraram na história pela responsabilidade do ser humano e não pela vontade de Deus, o próprio ser humano pode e deve corrigir esse erro e criar uma sociedade justa e fraterna, conforme o plano de Deus.

Essa leitura crítica da sociedade supõe que a comunidade não se reúna somente para a celebração, mas organize ainda encontros de reflexão, estudo da realidade, círculos bíblicos etc.; então, colherá na celebração os frutos dessa maneira de ver o mundo.

3.2. Painéis, testemunhos, narrativas, recordação da vida

De que maneira a realidade poderá entrar na celebração?

Podemos afixar painéis com fotografias ou recortes de jornal, notícias do bairro, do país, do mundo, na porta de entrada.

Um desses momentos de partilha é a chamada "recordação da vida", que poderá ser feita nos ritos iniciais, após a saudação e a acolhida, ou no início da liturgia da Palavra. A maneira mais simples de fazê-la é lançar uma pergunta: "O que aconteceu de importante esta semana?" (na comunidade, no bairro, na região, no país, no mundo...?). De fato, "... a vida, os acontecimentos de cada dia, as pessoas, suas angústias e esperanças, suas tristezas e alegrias, as conquistas e revezes da caminhada, as lembranças marcantes da história, da comunidade, das Igrejas e dos povos, os próprios fenômenos da natureza são sinais de Deus para quem tem olhos para ver e ouvidos para ouvir".[5] Podemos fazer da recordação da vida um momento rápido, citando fatos (principalmente em assembléias numerosas); ou uma conversa mais longa, com "cochicho" de dois a dois, ou em pequenos grupos, buscando o sentido desses fatos para o Reino de Deus, procurando discernir neles os sinais de vida e de morte...

Podemos prever dentro da celebração vários momentos em que as pessoas possam contar sua história de vida, ou dar testemunhos ou depoimentos. Se para nós a fé não é tanto uma doutrina, um conhecimento, mas muito mais um fazer, um viver e lutar dentro da história, então, é importante que haja espaço na celebração para contarmos uns aos outros como vivemos esta fé em cada momento de nossa caminhada. Contando e narrando a nossa própria história, que é a história do povo de Deus hoje, perceberemos melhor como Deus está presente e atuante; teremos mais esperança de continuar a caminhada. Seremos encorajados pelo exemplo de vida uns dos outros. Assumiremos com mais convicção o nosso compromisso de fé com Jesus Cristo.

3.3. A homilia, partilha da Palavra

O momento culminante da narrativa e contemplação da realidade é certamente *a homilia* ou partilha da Palavra. Esta deve fazer a ligação entre a Bíblia, a vida e a celebração. Deve *destrinchar* as leituras e questionar a realidade, tentando perceber o sentido dos acontecimentos no plano de Deus, tendo como ponto de referência a pessoa, a vida, a missão, a morte-ressurreição de Jesus Cristo.

---

[5] ODC, p. 11.

A homilia ou partilha da Palavra abre perspectivas, esclarece; mostra a presença e a ação de Deus dentro dos acontecimentos. Mostra a graça e o pecado, a luz e as trevas. Mostra como a história de Jesus continua em nossa história. Mostra a *Promessa* de Deus se realizando aqui e agora.

Mas a homilia ou partilha da Palavra deve também *chacoalhar* e interpelar a comunidade. Deve acordá-la para o compromisso com o Reino de Deus e o testemunho da ressurreição, para sermos sinal de Deus na sociedade em que vivemos:

> Cristo, hoje, sobretudo por sua atividade pascal [...] nos torna capazes de vivificar pelo amor nossa atividade e transformar nosso trabalho e nossa história em gesto litúrgico, isto é, de sermos protagonistas com ele na construção da convivência e das dinâmicas humanas que refletem o mistério de Deus e constituem sua glória vivente (Documento de Puebla, n. 213).

A homilia ou partilha da Palavra deve ainda nos convidar e motivar para viver profundamente a Aliança e a comunhão com o Senhor dentro da celebração, por meio de preces e orações, do rito penitencial e da comunhão eucarística, dos cantos, dos gestos e das atitudes do corpo.

Como fazer a homilia?

Às vezes é só uma pessoa quem fala; geralmente, é a comunidade toda que conversa. Ela é convidada a dizer sua palavra, sob a coordenação de um dos dirigentes ou ministros da Palavra.

A experiência tem demonstrado que o melhor mesmo é o diálogo. Por três motivos:

• primeiro, porque o Espírito Santo pode falar por várias pessoas e não devemos perder essa oportunidade. Cada um tem uma experiência de vida diferente, encontra pessoas diferentes. Quando colocamos tudo em comum, isto se torna uma riqueza para a comunidade;

• segundo motivo: a palavra *homilia* sugere conversa familiar, bate-papo. É uma conversa de irmãos tentando entender o que Deus está falando. Mesmo o bispo, o padre, o diácono e o ministro da Palavra devem ouvir o Espírito falar, e este fala muitas vezes pelos irmãos mais humildes;

• o terceiro motivo é de ordem pedagógica. Citemos o padre Comblin:

> É necessário que o povo possa escutar a Palavra, mas para que possa escutá-la é preciso que ele possa falar. Numa civilização oral, só se aprende pela conversa, pelo diálogo [...]. A comunicação 'passou', quando a pessoa é capaz de repeti-la, de torná-la sua, dentro de sua própria linguagem e do seu próprio ritmo.[6]

Se não for assim, a Palavra deixa de ser comunicação para se tornar um rito. A pessoa ouve, mas não é atingida. A Palavra cai sobre as pedras e não pode germinar.

Às vezes, para facilitar a participação, há um primeiro momento de conversa em grupos de cinco a sete pessoas; depois, faz-se um tipo de plenário. Para facilitar a comunicação nos grupos, a equipe que prepara a celebração poderá distribuir algumas perguntas: uma ou mais perguntas para melhor aprofundamento do texto bíblico; uma pergunta para relacionar o texto com a nossa vida; e uma pergunta para relacionar tudo isso com a celebração.

Como preparar a homilia?

É importante que alguém procure ler alguma explicação sobre as leituras escolhidas. Muitas comunidades usam a *Vida Pastoral*,[7] ou a *Mesa da Palavra*,[8] ou o *Dia do Senhor*.[9] É preciso também lembrar os acontecimen-

---

[6] COMBLIN, José. *Comunidades e ministérios*: a atual problemática da América Latina. Apostilado. Todos Irmãos, Lins, s/d.

[7] Revista distribuída gratuitamente pela Editora Paulus. Em cada número, traz um estudo das leituras do lecionário dominical.

[8] A MESA DA PALAVRA: comentário bíblico-litúrgico (Anos A, B, C). Petrópolis, Vozes, 1983-1984. 3 v. Bastante usado também: KONINGS, Johan. *Espírito e mensagem da liturgia dominical*: subsídios para a liturgia, pregação e catequese (Anos A, B e C). Petrópolis, Vozes, 1986.

[9] O Dia do Senhor é publicado como encarte da *Revista de Liturgia*, São Paulo, e também em livro: CARPANEDO, Penha & GUIMARÃES, Marcelo. *Dia do Senhor*: guia para as celebrações das comunidades. São Paulo, Paulinas Apostolado Litúrgico. (Cinco volumes.)

tos mais significativos da semana. Caso a homilia seja feita só por uma pessoa, é importante que a prepare com uma pequena equipe, ligando Bíblia, vida e celebração. Não deve ser lida, mas comunicada. Por isso, é melhor escrever apenas alguns tópicos com a seqüência do assunto, não o texto inteiro. No caso de partilha da Palavra em pequenos grupos, é preciso formular três ou quatro perguntas. Pode-se dar todas as perguntas para todos os grupos, ou reparti-las entre os grupos, de modo que cada grupo responderá a uma pergunta diferente.

4. Comunidade, Bíblia, vida

Pelo que dissemos anteriormente, já ficou claro que é impossível separar: comunidade, Bíblia, vida. Juntando as três, brota a Palavra de Deus que é sempre viva e atual para a nossa realidade hoje. No fundo, a Palavra de Deus é o próprio Cristo, vivo e ressuscitado que envia o seu Espírito para que a comunidade conheça toda a verdade e dê testemunho de Jesus (João 15-16).

Assim, a cada domingo, a comunidade se reúne, animada pelo Espírito, em torno de Jesus, Palavra de Deus. Lembramo-nos do que ele fez. Lembramo-nos principalmente da sua morte-ressurreição. Deixamos que sua Palavra nos atinja e modifique. E renovamos nosso compromisso de dar testemunho dele e de segui-lo. A Palavra do Reino semeada em nós a cada domingo irá aos poucos dar seus frutos (Marcos 4,26-28). A Palavra gerada em nós pelo Espírito Santo tomará conta de nós, de nossa vida, de nossa maneira de pensar e de ser, e nos fará a cada dia mais semelhantes a Jesus Cristo: "Nós, com a face descoberta, refletimos como num espelho a glória do Senhor, somos transfigurados nessa mesma imagem, cada vez mais resplandecente, pela ação do Senhor, que é Espírito" (2 Coríntios 3,18).

A Palavra de Deus é mais do que uma regra de vida, ou uma mensagem cheia de esperança. É a própria ação do Espírito em nós. É uma palavra transformadora e geradora de nova vida para a salvação do mundo. Como Maria, estejamos sempre disponíveis, prontos para ouvir e receber a Palavra que se torna carne, que se torna realidade: "Faça-se em mim segundo a tua Palavra" (Lucas 1,38).

Leiam mais sobre a Palavra de Deus celebrada:

INTRODUÇÃO GERAL *ao elenco das leituras da missa* (IELM).

DEISS, Lucien. *A Palavra de Deus celebrada:* teologia da celebração da Palavra de Deus. Petrópolis, Vozes, 1998.

BUYST, Ione. *A Palavra de Deus na liturgia.* São Paulo, Paulinas, 2001. (Coleção Rede Celebra, v. 1.)

BUYST, Ione. *O ministério de leitores e salmistas.* São Paulo, Paulinas, 2001. (Coleção Rede Celebra, v. 2.)

BUYST, Ione. *Homilia, partilha da Palavra.* São Paulo, Paulinas, 2001. (Coleção Rede Celebra, v. 3.)

Para a reunião da equipe

1) *Como é a participação de nossa comunidade na liturgia da Palavra?*

2) *A liturgia da Palavra está sendo um momento de comunicação da Palavra viva e atuante de Deus para a nossa comunidade, ou está sendo apenas um rito que não nos atinge e não modifica em nada nossa vida e a nossa maneira de viver em sociedade?*

3) *Nós já temos o costume de ligar Bíblia e vida? Nós já aprendemos a fazer uma leitura crítica da realidade?*

IV

A ORAÇÃO DA IGREJA-COMUNIDADE

A celebração da Palavra, assim como toda a liturgia, é um constante diálogo, uma conversa entre Deus e seu povo, entre Jesus Cristo e a comunidade, no Espírito Santo. Tudo o que fizermos na liturgia deve ser feito neste clima profundo de oração, de abertura diante de Deus, de acolhida e de entrega, de entrosamento, de comunhão.

Mas há momentos próprios e formas específicas para a oração em comum durante a celebração, embora nem sempre sejam utilizadas todas essas formas em todas as celebrações. Comentaremos a seguir: pai-nosso; salmos, hinos, cânticos; aclamações e refrões meditativos; profissão de fé; preces, intercessão (oração dos fiéis e outras ladainhas); rito penitencial; oração do tipo coleta; louvor e ação de graças; canto e música; silêncio; bênçãos; canto a Maria.

1. Pai-nosso

No início do cristianismo, o pai-nosso, também chamado de *oração do Senhor*, constava como uma oração individual: cada cristão a recebia antes do batismo e a recitava três vezes ao dia.[1]

---

[1] *Didaqué*. Catecismo dos primeiros cristãos. Petrópolis, Vozes, 1970. p. 19.

"Cristo está presente quando a comunidade ora e canta salmos" (cf. SC n. 7).

Já a partir do século IV, há documentos que mostram o pai-nosso como preparação à comunhão, às vezes antes, às vezes depois da fração do pão. A partir de são Gregório Magno, o pai-nosso é recitado logo após a oração eucarística.[2]

Qual é o lugar próprio para o pai-nosso na celebração do domingo em torno da Palavra? Quando há distribuição da comunhão, o pai-nosso vem antes do abraço da paz e da comunhão. Quando não há distribuição da comunhão, o pai-nosso poderá vir no final das preces, como é costume fazer na liturgia das Horas.

2. Salmos, hinos, cânticos

No Novo Testamento encontramos várias passagens que nos falam da oração das primeiras comunidades cristãs. Salmos, hinos e cânticos encontram aí, em continuidade com a tradição de Israel, um lugar significativo.

"Juntos recitem salmos, hinos e cânticos inspirados, cantando e louvando ao Senhor de todo o coração" (Efésios 5,19).

Os *salmos* começaram a ser cantados e interpretados em perspectiva cristã: neles se vê uma profecia de Jesus Cristo:[3]

"[...] é preciso que se cumpra tudo o que está escrito a meu respeito na Lei de Moisés, nos Profetas e nos Salmos", dizia Jesus aos discípulos. E o evangelista continua dizendo: "Então Jesus abriu a mente deles para entenderem as Escrituras" (Lucas 24,44-45).

É com a linguagem dos salmos que foram nascendo os primeiros louvores ao Pai de nosso Senhor Jesus Cristo. Por isso, também para nós os salmos devem ter o primeiro lugar entre os nossos cantos. Não só como salmo de resposta após a leitura do Antigo Testamento, mas também:

---

[2] JUNGMANN, J. *El sacrificio de la misa*. Tratado histórico-litúrgico. 2. ed. Madrid, Herder, 1953. pp. 963-966.

[3] Vejam, entre outros: Mateus 13,34-35; 21-42; 22,41-46; 23,37-39; 26,63-68; 27,35.39.43.46.48; Marcos 11,9; 16.19; Atos 2,25-36; 4,8-12.23-30; 10,34-36; 13,32-37; Romanos 15,3; Efésios 4,7-13; Hebreus 1,5-14; 2,5-12; 4,5; 7,15-17; 10,5-14; Apocalipse 1,4; 5,8-9; 15,2-4.

- como canto de entrada: p. ex., salmos 15(14), 24(23), 63(62), 84(83);[4]
- como canto de comunhão: p. ex., salmos 16(15), 23(22), 34(33);
- como canto de louvor: p. ex., salmos 8, 30(29), 47(46), 66(65), 98(97), 103(102), 113(112), 116(115), 150;
- como súplica: salmos 3, 5, 6, 7, 14(13), 22(21), 89(88), 142(141);
- como penitência: salmos 32(31), 51(50), 130(129).

Os salmos podem ser lidos ou recitados, mas melhor ainda é cantá-los. O próprio nome já diz: "salmos"; são cantos acompanhados pelo "saltério", um instrumento de cordas. Os próprios salmos dizem que é preciso cantar a Deus com o acompanhamento de todos os tipos de instrumentos de cordas, de sopro, de percussão: violão e cavaquinho, flauta, pandeiro e atabaque. Vejam: Salmos 47(46), 95(94), 1-2; 98(97), 4-6; 150. Cada comunidade deveria, pois, cuidar para que tenha um bom repertório de salmos cantados, num estilo musical próprio da região.[5]

Hoje estamos redescobrindo os salmos como uma oração atual, como a linguagem de que precisamos para expressar diante de Deus nossa vida, com seus problemas e alegrias, nossa sede de Deus, nosso louvor e gratidão.[6]

---

[4] A numeração entre parênteses é da Vulgata; a outra é da Bíblia hebraica.

[5] Vejam, entre outros: 1) ODC (traz 110 salmos em linguagem poética e musical inculturada); 2) H1,2,3,4 (traz em cada fascículo uma boa seleção de salmos; 3) Ir. Míria Kolling, *Cantando os salmos e aclamações:* anos A-B-C-Especiais, São Paulo, Paulus; 4) Monges Beneditinos do Mosteiro da Ressurreição (Ponta Grossa), *Salmos* (CD), São Paulo, Paulus.

[6] Para aprofundar o sentido de cada um dos 150 salmos, vejam: 1) BORTOLINI, José. *Conhecer e rezar os salmos:* comentário popular para os nossos dias. São Paulo, Paulus, 2000; 2) Secretariado Nacional de Liturgia (Portugal). *Saltério litúrgico:* os salmos da liturgia das Horas com introduções, orações sálmicas e uso litúrgico. Coimbra (Portugal), Gráfica de Coimbra, 1992; 3) CHOURAQUI, André. *Louvores (Salmos).* 2 v., Rio de Janeiro, Imago, 1998 (tradução do hebraico e comentários levando em conta as várias tradições do livro: judaísmo, cristianismo do oriente e do ocidente, islamismo. É notável ainda a introdução ao livro: limiar para louvores).

Hinos e cânticos

Além dos cantos dirigidos a Deus, como na tradição judaica, os primeiros cristãos "cantavam um hino a Cristo como a um Deus".[7] No Novo Testamento encontramos alguns hinos referentes a Cristo, provavelmente cantados nas primeiras comunidades cristãs: Efésios 5,14; Filipenses 2,6-11; Colossenses 1,15-20; 1 Timóteo 1,17; 1 Timóteo 3,16...

Três cânticos, usados todos os dias na liturgia das Horas, respectivamente na oração da manhã, da tarde e da noite, louvam a Deus pela salvação realizada em Jesus Cristo:

★ Lucas 1,67-79, o cântico de Zacarias.
★ Lucas 1,46-56, o cântico de Maria.
★ Lucas 2,29-32, o cântico de Simeão.

Em Lucas 2,14, encontramos um início do *Glória a Deus...*, e Apocalipse 4,8 retoma o *Santo, Santo, Santo...* de Isaías 6,2, cantado na oração da manhã da liturgia judaica.

Não seria importante que as comunidades conhecessem e cantassem pelo menos alguns desses hinos e cânticos? Se a celebração do domingo for feita de manhã, poderíamos cantar o cântico de Zacarias como hino de louvor, ou como canto após a comunhão; se for celebrada à tarde, poderíamos cantar o cântico de Maria.[8] Em ambos os casos, serve também o *Santo*, ou o *Glória*. Nas festas da Santíssima Trindade, ou do padroeiro, ou alguma outra ocasião muito festiva, poderíamos terminar a celebração com o *Te Deum*.[9]

---

[7] Carta de Plínio a Trajano, c.112.

[8] ODC traz 51 cânticos bíblicos, em linguagem poética e musical inculturada.

[9] Vejam a música do padre Zezinho: *Deus infinito, nós te louvamos*. São Paulo, Paulinas/Comep e ODC. p. 287.

Mas, além desses hinos e cânticos bíblicos, há lugar na liturgia para cantos novos, expressão de nossa maneira atual de viver a nossa fé, dentro de novas realidades históricas.

3. Aclamações e refrões meditativos

As aclamações *Amém; Aleluia; Vem, Senhor, Jesus* também são uma forma de oração.

• Quem diz *amém* está se comprometendo com Jesus Cristo, está aderindo à nova e eterna Aliança. E Deus pode cobrar dele este compromisso (comparem Deuteronômio 27,15-16).

É uma palavra de muito peso. Dizendo *amém* no final de uma oração (principalmente na oração eucarística da missa), quando recebemos a comunhão, ou no final de uma bênção, nós prometemos a Deus viver de acordo com aquilo que foi falado. Devemos não somente pronunciar nosso *amém* com palavras, mas fazer com que toda a nossa vida se torne um *amém* a Deus, cumprindo sua Palavra, vivendo em comunhão com ele. É assim que viveu Jesus: o Apocalipse diz que ele é o *Amém*, a testemunha fiel e verdadeira (3,14). Ele foi sempre *sim* à vontade de Deus. "Por isso, por meio dele que dizemos *amém* a Deus, para glória de Deus" (2 Coríntios 1,20).

• *Aleluia* quer dizer *louvai o Senhor* (vejam Apocalipse 19,1-6). Em nossas liturgias, o *aleluia* é usado principalmente no tempo pascal, para louvar a Deus pela ressurreição de Jesus. Em todas as celebrações — menos durante a quaresma — nós o cantamos, também antes do Evangelho, aclamando Jesus que vai proclamar sua palavra de salvação. É o grito de alegria pela chegada do Reino.

Por isso, o *aleluia* sempre deve ser cantado; jamais falado. E é cantado de pé: é um canto de ressurreição; ele nos levanta, põe-nos de pé, nos arranca da morte.

• *Vem, Senhor Jesus* é uma prece típica do Advento que expressa a expectativa amorosa da Esposa que aguarda ansiosa o seu Esposo (Apocalipse 22). A comunidade ama o seu Senhor e o aguarda para breve. Ele está presente, mas ainda não se manifestou totalmente.

- Não só a liturgia oficial, mas também a piedade popular possui aclamações riquíssimas possíveis de serem integradas nas celebrações. Por exemplo: *Louvado seja nosso Senhor Jesus Cristo — Para sempre seja louvado; Deus seja louvado; Graças a Deus.*

- Ultimamente, breves refrões meditativos (às vezes chamados mantras) têm sido introduzidos em momentos variados: 1) antes do início da celebração (por exemplo: "Ó Cristo, amado Senhor...", ou "Onde reina o amor, fraterno amor, onde reina o amor, Deus aí está!"); 2) no início da liturgia da Palavra (por exemplo: "Fala, Senhor, fala da vida; só tu tens palavras eternas, queremos ouvir!"); 3) após a homilia, retomando a temática do Evangelho (por exemplo: "Vocês são o sal, o sal tem sabor, sal da terra, diz o Senhor!"); 4) após a comunhão (por exemplo: "Vós sois o mistério, Senhor, nós vos contemplamos no amor!"). Na escolha do refrão, que se levem em conta o momento ritual e o tempo litúrgico. Muito conhecidos são os "Cantos de Taizé" (São Paulo, Loyola), com breves cantos em várias vozes, que podem vir completados com um contra-canto feito por solista(s). O ODC lembra "refrões contemplativos" para vários tempos litúrgicos, nas pp. 428ss, 435ss, 441ss. Há ainda os refrões meditativos no Suplemento 1 do ODC (com duas fitas cassete).

4. Profissão de fé

O *Creio em Deus...* não é propriamente uma oração, mas é uma resposta da comunidade à Palavra de Deus proclamada. Como o pai-nosso, o *Creio em Deus...* teve seu lugar originalmente na liturgia do batismo, mas a partir do século VI o encontramos também na celebração eucarística no Oriente; mais tarde o Ocidente também o adotou.[10] Atualmente é recitado aos domingos e em solenidades, após a homilia.

---

[10] Jungmann, J. *El sacrificio de la misa*, cit., pp. 591-594.

É, pois, significativo recitar a profissão de fé na celebração do domingo após a homilia ou partilha da Palavra. Por meio dela, a comunidade confirma sua adesão ao Senhor, relembrando as afirmações fundamentais de nossa fé.

Há três formas de profissão de fé:

- o Símbolo dos Apóstolos (que é o Creio mais comum que todos conhecem);

- o Símbolo de Nicéia-Constantinopla (que é o Creio um pouco mais longo, que poderia ser usado em ocasiões festivas);

- a fórmula com pergunta e resposta como a encontramos na vigília pascal e na celebração do batismo. Poderá ser usada, de vez em quando, na celebração do domingo.

5. Preces, intercessão: oração dos fiéis e outras ladainhas

a) O clamor dos oprimidos

- Jairo, um chefe da sinagoga, jogou-se aos pés de Jesus e pediu insistentemente: "Minha filhinha está morrendo. Vem e põe as mãos sobre ela, para que sare e viva" (Marcos 5,21-23).

- O pai do filho endemoniado suplicou a Jesus: "Se podes fazer alguma coisa, tem piedade de nós e ajuda-nos" (Marcos 9,14-29).

- Bartimeu, o cego de Jericó, percebendo que Jesus estava chegando, começou a gritar: "Jesus, Filho de Davi, tem piedade de mim!" (Marcos 10,46-52).

- No templo de Javé, em Silo, Ana derramava seu coração diante do Senhor, rezando longamente, entre lágrimas, com muita dor no coração, angustiada, amargurada... Ela pediu um filho, para que as outras mulheres parassem de humilhá-la. E Deus ouviu a prece de Ana: ela deu à luz um filho e chamou-o Samuel (1 Samuel 1,1-20).

Provavelmente, todos nós já passamos por situações semelhantes em que gritamos ao Senhor por socorro, do fundo de nossa alma. E Deus ouve. Principalmente quando o grito vem dos pobres e oprimidos: "Eu vi muito bem a miséria do meu povo que está no Egito. Ouvi o seu clamor contra seus opressores, e conheci os seus sofrimentos. Por isso, desci para libertá-los do poder dos egípcios [...]" (Êxodo 3,7-8). Deus ouve o clamor e atende ao pedido do povo oprimido, enquanto se nega a ouvir as preces dos opressores e daqueles que tiram a vida do pobre.

Esse clamor surdo que brota diariamente de milhões de pessoas, esse grito de um povo que sofre e que reclama justiça, liberdade e respeito pelos seus direitos fundamentais (Puebla 87-89), deve ter um lugar em nossa liturgia. O povo de Deus deve poder expressar sua dor, sua indignação, seu protesto, seu pedido por socorro contra os inimigos, e ainda sua esperança... Não só individualmente, em todos os momentos do dia e da noite, mas também na celebração, na oração comum.

b) Uma oração comum e universal

Na celebração, a oração e o pedido de cada um se tornam a oração e o pedido de todos: "Senhor, escutai a nossa prece!". "Nossa" prece, e não a prece de João, de Maria, ou de Renata, apenas. É a prece de todo o povo, colocando diante de Deus as necessidades de todos, as dores de todos, assumidas em compaixão.

"Lembrem-se dos presos, como se estivessem na prisão com eles. Lembrem-se dos que são torturados, pois vocês também têm um corpo" (Hebreus 13,3).

Devemos ouvir atentamente cada prece feita por um dos presentes, sentir o que essa pessoa poderá estar sentindo e, junto com ela, insistir para que Deus ouça com todo o amor e atenda: "Senhor, escutai a nossa prece!"

Não pedimos somente para as pessoas que estão presentes, mas também para os irmãos ausentes, para os doentes e idosos: para dona Alzira que foi operada da perna na segunda-feira; para o "seu" Joaquim que está se sentindo muito só desde que a companheira dele morreu; para o Julinho, o caçula de Jorge e Antônia, que vai se mudar daqui porque até agora não encontrou emprego; para aqueles que foram representar a comunidade em algum encontro de pastoral; para aqueles que estão ajudando os irmãos no mutirão ou cuidando de doentes em casa ou em hospitais. Rezamos também para os que não são da comunidade: todos os necessitados, os responsáveis pelo bem comum em nosso país, nos países vizinhos. E no mundo afora. (O noticiário do jornal não é só para a gente satisfazer a curiosidade; cada notícia pode se transformar numa prece, numa intercessão.)

Rezamos pela Igreja espalhada pelo mundo inteiro: as outras comunidades, a paróquia e diocese à qual pertencemos, Igrejas-irmãs, o papa, os bispos, os padres, os diáconos e os outros ministros e ministras e agentes de pastoral, todos os leigos e leigas engajados, os que são perseguidos por causa da justiça do Reino, conforme o pedido do apóstolo: "[...] intercedei por todos os cristãos. Rezem também por mim: que a palavra seja colocada na minha boca para anunciar ousadamente o mistério do Evangelho [...]" (Efésios 6,18-19).

Deus "quem nos libertou dessa morte, e dela nos libertará; nele colocamos a esperança de que ainda nos libertará da morte. Para isso, vocês vão colaborar por meio da oração. Desse modo, a graça que obteremos pela intercessão de muitas pessoas provocará a ação de graças de muitos em nosso favor" (2 Coríntios 1,10-11).

Rezamos ainda pelos defuntos. As "intenções por alma" de parentes e amigos falecidos deveriam ser encaixadas aqui como prece e não no início da celebração como informação. "Pelo Manoel, que nos deixou há um ano, que Deus lhe dê a paz e a felicidade em sua casa, rezemos ao Senhor"; e todos, unindo-se aos familiares, parentes e amigos do falecido, pedem por ele a Deus: *Senhor, escutai a nossa prece!*

c) Jesus, nosso advogado junto do Pai

Quem é esse "Senhor" a quem rezamos? Geralmente as aclamações feitas pelo povo são dirigidas a Cristo: *Senhor, tende piedade de nós...*

Cordeiro de Deus... Senhor, eu não sou digno... Ele é o único mediador entre Deus e nós (1 Timóteo 2,5-6). Ele é o advogado que defende nossa causa junto do Pai (Romanos 8,34). Ele nos compreende muito bem, porque passou pelas mesmas coisas que nós, e até muito piores: "[...] não temos um sumo sacerdote incapaz de se compadecer de nossas fraquezas, pois ele mesmo foi provado como nós, em todas as coisas, menos no pecado [...]. Durante sua vida na terra, Cristo fez orações e súplicas a Deus, em alta voz e com lágrimas, ao Deus que o podia salvar da morte" (Hebreus 4,15; 5,7).

Em seu grande amor por nós, em sua grande compaixão, Jesus acompanha as nossas dificuldades, sente as nossas dores. Ressuscitado, ele está vivo e intercede por nós, hoje, junto do Pai, como mediador permanente (Hebreus 7,25; 9,24).

Assim, na oração da comunidade, rezamos uns pelos outros a Jesus. Com humildade e confiança, como Bartimeu, como Ana, como Jairo... colocamos nossas preces e nossos pedidos, nossas angústias e nossas dores nas mãos de Jesus: "Senhor, escutai a nossa prece!" Jesus leva tudo isso ao Pai, pedindo que ouça e atenda. Poderá o Pai recusar o pedido de seu Filho que amou e confiou nele até o extremo, até dar sua vida e assumir a morte na cruz?

d) O que devemos pedir?

Mas é verdade que nem sabemos bem o que devemos pedir! Isto é coisa que aprendemos ao longo da vida, numa "luta com Deus" como Jacó (Gênesis 32,23-33), numa longa aprendizagem de obediência à vontade do Pai, como Jesus: "Embora sendo Filho de Deus, aprendeu a ser obediente por meio de seus sofrimentos" (Hebreus 5,8).

Assim, no Horto das Oliveiras, numa encruzilhada em que talvez teve de escolher entre a fuga e a fidelidade à sua missão, ele próprio corrigiu sua prece: "Pai, se queres, afasta de mim este cálice. Contudo, não se faça a minha vontade, mas a tua! [...] Tomado de angústia, Jesus rezava com mais insistência. Seu suor tornou-se como gotas de sangue, que caíam no chão" (Lucas 22,42-44).

Primeiro pediu o que todos nós pediríamos: que o Pai afastasse o cálice do sofrimento. Depois (mas a custo de quanta dor e angústia!), assumiu a prece que deve tornar-se a prece de todos nós: "Seja feita a tua vontade, não a minha!"

Pedir, dizer preces e orações é fácil. Rezar de verdade, como Jesus, supõe coragem, entrega total de nossa vida nas mãos do Pai, sem exigir absolutamente nada, mas esperando tudo, tudo o que ele mandar para que venha o seu Reino.

Esta atitude exige de nós uma conversão radical: devemos parar de olhar o tempo todo para nós mesmos e de nos preocupar com nossas coisas. Devemos aprender a olhar para Deus e para o Reino que ele prometeu e tentar compreender as preocupações de Deus: como ele vê o mundo, como gostaria que fosse e qual a missão que me confiou em tudo isso: "[...] Santificado seja o vosso nome, não o meu [...]. Venha a nós o vosso Reino, não o meu [...]. Seja feita a vossa vontade assim na terra como no céu, não a minha [...]".

e) Oração alienante?

Uma prece assim exige de nós disponibilidade para a ação, para o compromisso com os irmãos, para o engajamento. Pois, para realizar sua vontade, para semear as sementes do Reino, Deus nos convoca e nos dá trabalho:

Deus disse a Moisés: "O clamor dos filhos de Israel chegou até mim, e eu estou vendo a opressão com que os egípcios os atormentam. Por isso, vá. Eu o envio ao Faraó". Moisés relutou, mas o Senhor derrubou todos os argumentos e Moisés não teve como escapar. Deus resolveu libertar o seu povo da terrível opressão e precisou de Moisés para esse serviço (Êxodo 3,9s).

Rezar e pedir conforme a vontade de Deus não é alienação, mas engajamento radical na realidade dura da vida:

Acho que toda liturgia que quer ser fuga, que quer alienar o pessoal, que não enfrenta, que não assume a realidade, não pode tocar o coração do nosso Deus, que é o Deus da justiça, que é ciumento em relação aos pobres, aos oprimidos, aos fracos, aos empobrecidos hoje, ao trabalhador brasileiro, ao trabalhador latino-americano.[11]

A oração cristã nasce da vida, iluminada pela promessa de Deus ouvida na sua Palavra. E ela volta para a vida. Ela nos faz assumir nossa missão, para que o Reino venha; para que sua vontade seja feita na terra como no céu; para que assim o nome de Deus seja santificado e a gente feito gente nova, recriada à imagem do Filho, numa terra renovada pelo amor e pela solidariedade, pela justiça e pela verdade, pela vitória dos humildes sobre todas as forças que os reduzem a uma subvida, a uma vida diminuída.

f) Rezar no Espírito

Quem pode nos ajudar a pedir como devemos e nos colocar inteiramente a serviço de Deus, é o Espírito Santo: "Também o Espírito vem em auxílio da nossa fraqueza, pois nem sabemos o que convém pedir; mas o próprio Espírito intercede por nós com gemidos inefáveis. E aquele que sonda os corações sabe quais os desejos do Espírito, pois o Espírito intercede pelos cristãos de acordo com a vontade de Deus" (Romanos 8,26-27).

O Pai dará o Espírito a quem o pedir com insistência e perseverança (Lucas 11,1-13).

Podemos também rezar uns pelos outros para que o Espírito venha nos enriquecer com todos os seus dons e nos abra cada dia mais à inesgotável profundidade da graça de Deus: "Que o Deus de nosso Senhor Jesus Cristo, o Pai a quem pertence a glória, lhes dê um espírito de sabedoria que lhes revele Deus, e faça que vocês o conheçam profundamente" (Efésios 1,17).

Vejam ainda, na Bíblia: Efésios 3,14-19; Filipenses 1,9-11; Colossenses 1,9-11; 2 Tessalonicenses 1,11-12.

---

[11] Zé Vicente. *RL*, n. 59, p. 17, set./out. 1983.

A oração é um dom, um presente de Deus. É graça; é a ação do Espírito Santo que clama em nós: "Abba! Pai!" (Romanos 8,15). É ele quem gera em nós as atitudes de oração: admiração, temor, fé, confiança, louvor, adoração, arrependimento... Da nossa parte cabe o despojamento, a simplicidade, a humildade, para acolher Deus que quer se revelar e comunicar. Sem essas atitudes profundas, interiores de oração, não adiantam as fórmulas e as palavras.

g) Como formular nossas preces e intenções?

Por isso, ao fazermos as preces ou orações da comunidade, não devemos complicar as coisas. Que cada um diga, com simplicidade, a sua prece, sem muito rodeio ou enfeite. Se a comunidade tem mais facilidade em se dirigir diretamente a Deus, que o faça: "Senhor, por favor, não se esqueça dos lavradores sem terra; dê-lhes coragem e muita fé para que continuem lutando por um pedaço de chão...". E todos, no final, fazem sua esta prece, acrescentando simplesmente "Senhor, escutai a nossa prece!" ou outra resposta combinada no início; por exemplo: "Ouvi-nos, Senhor!", ou "Tende compaixão de nós, Senhor!", ou outra semelhante. Se outras comunidades preferem formular a intenção dirigida aos irmãos, que o façam: "Para que as lavadeiras de nosso bairro tenham mais união e possam assim resolver juntas seus problemas, com a ajuda de Deus, rezemos ao Senhor"

Podemos fazer a ladainha de preces ainda de outra forma: "Dos operários em greve" e todos completam: "Lembrai-vos, Senhor". Aí seguem outras pessoas pelas quais se quer rezar: "Dos cortadores de cana que estão ganhando pouco, das crianças e adolescentes abandonados nas ruas da cidade, do papa, do nosso vigário...". E, a cada intenção, todos rezam dizendo: "Lembrai-vos, Senhor!"

Quando a comunidade é muito grande, dificultando a audição, será necessário convidar as pessoas a que venham fazer sua prece ao microfone, o que certamente é um pouco complicado. Podemos também encarregar duas ou três pessoas da comunidade de fazer as preces em nome de todos. Neste caso, seria bom que recolhessem as intenções de quem quisesse, na entrada, antes da celebração, ou durante a semana em contatos com os grupos de rua, as catequistas, os evangelizadores etc. Em algumas comunidades, as preces são às vezes confiadas às rezadeiras do bairro.

Infelizmente, em muitas comunidades, a oração que deveria brotar do coração da comunidade, inspirada pelo Espírito, pela Palavra ouvida e pela vida vivida, não existe. É substituída, muitas vezes, por uma leitura de "preces" e "intenções" extraídas de um folheto, feito com meses de antecedência ou em realidades totalmente diferentes daquela comunidade. Esses "filhos", para falar com seu Pai, escondem-se atrás de papel, atrás de fórmulas de orações escritas por outros.

Poderemos aproveitar uma ou outra prece daquelas que vêm no folheto, porém, em seguida, a comunidade deverá fazer suas próprias preces, de dentro do coração, partindo de sua vida e dos textos bíblicos ouvidos e interpretados na celebração.

h) Outras ladainhas

Na tradição de várias Igrejas, encontramos ainda três outros tipos de ladainha, invocando a ajuda e a misericórdia de Deus: o *Senhor, tende piedade de nós*, o *Cordeiro de Deus...* e uma ladainha pedindo a intercessão dos santos.

• *Senhor, tende piedade de nós... Kyrie* costuma ser cantado após o rito penitencial (quando não usado no próprio rito penitencial). Invocamos Jesus como Cristo e como Senhor, contando com sua terna misericórdia. Nada impede que usemos a mesma invocação (*Senhor, tende piedade de nós*, ou *Kyrie eleison*) como resposta às preces dos fiéis.

• *Cordeiro de Deus...* é o canto que acompanha a fração do pão da missa, antes da comunhão. É melhor guardá-lo para essas ocasiões. Não deve, portanto, ser rezado ou cantado na celebração do domingo em torno da Palavra, mesmo quando há distribuição da comunhão.

• *Ladainha dos santos*: na celebração do batismo, a oração da comunidade termina com uma ladainha dos santos que intercedem por nós junto de Deus. Se os santos ocupam um lugar tão importante na vida e na religiosidade, por que não lhes dar também um espaço em nossa liturgia dominical? No final das preces, poderíamos invocar a ajuda e a intercessão dos santos mais queridos da comunidade ou os santos que têm sua festa naquela semana.

6. Rito penitencial

Muitas comunidades que copiam o esquema da missa para sua celebração de domingo costumam realizar sempre um rito penitencial. Na celebração da Palavra, isto é necessário somente quando há distribuição da comunhão, como está previsto no ritual.

Na celebração dominical, que é nossa "páscoa semanal", é significativo substituir o rito penitencial pela aspersão com água, lembrando o nosso batismo e nossa inserção na morte-ressurreição de Jesus. Caso não se faça a aspersão, e preferirem o rito penitencial (na quaresma e no advento, por exemplo), é bom lembrar que não é necessário colocá-lo sempre no mesmo momento da celebração, nem precisamos fazê-lo sempre com os textos da missa. Há muitas outras possibilidades. Vejamos algumas delas para o rito penitencial no início da celebração, após a homilia ou antes do pai-nosso, seguido do abraço da paz:

a) *No início da celebração* (nos ritos de entrada)

Igual ao cobrador de impostos que não ousou levantar a cabeça, reconhecemos que somos pecadores: "Meu Deus, tem piedade de mim, que sou pecador" (Lucas 18,9-14). De fato, somos uma Igreja santa, mas também pecadora, que precisa se purificar e se voltar mais para o Senhor.

Igual a Isaías, percebemos o quanto Deus é santo. Diante dele nos sentimos pequenos, limitados, fracos, pecadores: "Ai de mim, estou perdido! Sou homem de lábios impuros e vivo no meio de um povo de lábios impuros, e meus olhos viram o Rei, Senhor dos exércitos" (Isaías 6,1-7).

Reconhecer os nossos erros e nossa fraqueza é ao mesmo tempo confessar a grande misericórdia e o imenso amor de Deus: "Mesmo que a nossa consciência nos condene, porque Deus é maior que nossa consciência, e ele conhece todas as coisas" (1 João 3,20). Lembremo-nos ainda da parábola do filho pródigo: antes que ele confesse seus erros, o pai já vem ao seu encontro, abraçando-o (Lucas 15,11-32). Por isso, no rito penitencial deve aparecer algo da alegria da ressurreição: o amor do Pai nos faz viver de novo.

Como fazer esse rito penitencial? Que textos usar?

Há várias possibilidades:

- rezar o *Confesso a Deus...* ou *Tende compaixão de nós...* ou *Senhor, tende piedade de nós...* como na missa;
- cantar ou rezar um salmo penitencial: 6, 32(31), 38(37), 51(50), 102(101), 130(129), 143(142);
- cantar um canto penitencial: *Eu canto a alegria, Senhor, de ser perdoado no amor...*; *Senhor, eu reconheço que sou um pecador...*;
- de maneira espontânea, quem quiser lembre-se de alguma atitude ou de um fato acontecido durante a semana e peça perdão a Deus por si ou por toda a comunidade;
- o dirigente poderá usar algum texto bíblico como introdução:

★ Lucas 5,31: Assim disse Jesus: "As pessoas que têm saúde não precisam de médico, mas só as que estão doentes. Eu não vim para chamar justos, e sim pecadores para o arrependimento".

★ João 3,17: "Deus enviou o seu Filho ao mundo, não para condenar o mundo, e sim para que o mundo seja salvo por meio dele".

★ 1 João 2,1b-2a: "Meus filhinhos, [...] se alguém pecou, temos um advogado junto ao Pai: Jesus Cristo, o justo. Ele é a vítima de expiação por nossos pecados".

★ 1 João 4,10: "O amor consiste no seguinte: não fomos nós que amamos a Deus, mas foi ele que nos amou, e nos enviou o seu Filho como vítima expiatória por nossos pecados".

b) Após a homilia

Nem sempre o rito penitencial deve ficar no início da celebração. Ele pode ser feito também após a homilia ou partilha da Palavra. Ouvimos as leituras, confrontamos essas leituras com a nossa vida, e em seguida pedimos perdão a Deus pelos nossos desvios, pelos nossos erros. Não só dos nossos erros individuais ou de nossa comunidade, mas também pela situação de pecado que encontramos na sociedade e da qual participamos: a opressão e a exploração que geram a miséria, a fome, a desigualdade etc. Pedimos que Deus tenha compaixão de nós. Pedimos que nos dê forças para mudar a nossa vida e as estruturas opressoras da sociedade.

• Como introdução, o dirigente poderá inspirar-se em um texto bíblico:

★ João 15,2b-3a: Irmãos, vamos deixar que o Pai venha podar todo ramo em nós que não está dando fruto, para que produza mais.

★ Apocalipse 2,2-5: "[...] conheço a conduta de você, seu esforço e sua perseverança. Sei que você não suporta os maus [...]. Você é perseverante. Sofreu por causa do meu nome, e não desanimou. Mas há uma coisa que eu reprovo: você abandonou seu primeiro amor. Preste atenção: repare onde você caiu, converta-se e retome o caminho de antes".

★ Apocalipse 3,19: "Quanto a mim [Senhor], repreendo e educo todos aqueles que amo. Portanto, seja fervoroso e mude de vida!"

★ Hebreus 4,12-13: "A palavra de Deus é viva, eficaz e mais penetrante do que qualquer espada de dois gumes; ela penetra até o ponto onde a alma e o espírito se encontram, e até onde as juntas e a medula se tocam; ela sonda os sentimentos e pensamentos mais íntimos".

★ 2 Samuel 11-12: O profeta Natã falou com Davi, em nome de Deus, e o levou a reconhecer seu erro. Davi, então, exclamou: "Pequei contra o Senhor..." Como Davi, vamos tomar consciência de nosso erro e confessá-lo ao Senhor.

- Podemos ainda fazer uma ladainha de pedir perdão, daquelas que se encontram no *Ritual da Penitência*.[12]

Podemos fazer outras invocações semelhantes, a partir das leituras proclamadas e das reflexões sobre a realidade, por exemplo:

★ Senhor Jesus, viestes entre nós como aquele que serve. Tende piedade de nós que só nos preocupamos com os nossos próprios interesses sem querer ver a necessidade dos irmãos.

★ Perdão, Senhor, por termos deixado o nosso irmão passando fome: fome de pão, fome de instrução, fome de amor, fome de vossa Palavra.

★ Pelo desemprego causado pela desorganização social, causado pela concentração de riquezas nas mãos de poucos, nós vos pedimos perdão.

A comunidade poderá responder cantando:

★ Senhor, que a tua Palavra transforme a nossa vida, queremos caminhar com retidão na tua luz.

★ Piedade, piedade, piedade de nós!

★ O teu perdão, ó Senhor, venha a nós; olha, ó Deus, para nós com ternura.

★ Perdoa, Senhor, o meu pecado, tu és meu Pai.

★ Nós queremos, Senhor, viver do teu amor!

★ Senhor Deus, misericórdia!

---

[12] Paulinas Editora, pp. 50-53, 55-60, 60-61, 115-116, 119-120, 122-123, 132-133, 138-139.

• Outra possibilidade: a convite do dirigente, um breve silêncio para cada um olhar sua vida e deixar que Deus olhe seu coração e, depois, algum canto para pedir perdão ou agradecer a misericórdia de Deus que nos acolhe e nos ama do jeito que somos.

c) Após o pai-nosso, terminando com o abraço da paz

Após o pai-nosso, todos são convidados a se reconciliar uns com os outros, pondo em prática o que dissemos no pai-nosso: "[...] assim como nós perdoamos a quem nos tem ofendido". Em seguida, todos se acolhem mutuamente com o abraço da paz, em nome do Senhor. Quantas vezes esse simples gesto litúrgico tem levado as pessoas a fazerem as pazes depois de sérias brigas, discussões, desavenças e mal-entendidos!

7. Orações do tipo coleta

Em alguns momentos da celebração, o presidente (ou dirigente ou animador) faz uma oração em nome de toda a comunidade reunida. É o caso da oração inicial e da oração após a comunhão, ou da oração final quando não há comunhão.

Essas orações são geralmente dirigidas a Deus Pai, por Jesus Cristo, na unidade do Espírito Santo. Começam com um *convite* do dirigente a toda a comunidade: *Oremos*, ou *Vamos rezar*. Aí, segue-se um *silêncio* que é momento de oração individual, silenciosa, com ou sem palavras. Muitas comunidades se esquecem desse silêncio tão importante para que a nossa oração tenha chance de ser verdadeira. É preciso alguns momentos para tomarmos consciência com quem estamos falando. É preciso que as nossas palavras brotem do silêncio em que só o Espírito fala e nos ensina a rezar.

Só depois vem a invocação: *Ó Deus* ou *Deus, nosso Pai* ou *Senhor, nosso Deus* ou *Deus de todo poder* ou outra invocação semelhante.

Em seguida, costuma-se *lembrar uma qualidade ou ação de Deus*:

Senhor, Deus da Vida!

ou: Ó Deus, que prometestes permanecer nos corações sinceros e retos...

ou: Deus, nosso Pai! A celebração da Páscoa de vosso Filho nos renovou...

Só depois é que segue um *pedido*:

... fazei que o vosso povo recupere a saúde...

ou: dai-nos por vossa graça viver sem fingimento...

ou: fazei com que vivamos agora como povo alegre, dando graças, e continuando confiantes a caminhada da libertação...

No fim vem a *intercessão*: "Por nosso Senhor Jesus Cristo, vosso Filho, na unidade do Espírito Santo" (na oração inicial) ou "Por Cristo nosso Senhor" (nas outras orações).

A comunidade toda aclama: *Amém.*

Podemos adaptar as orações do missal para cada domingo:[13] a coleta no início da celebração e a oração após a comunhão. A oração sobre as oferendas não serve para a celebração da Palavra, pois só há oferendas quando há missa. Mas podemos também preparar uma oração adaptada à vida e à linguagem da comunidade, seguindo o mesmo esquema apresentado anteriormente: oremos, silêncio, invocação, lembrança daquilo que Deus é ou faz, pedido, intercessão, amém. Convém que essas orações acompanhem o ano litúrgico: na festa de Pentecostes, por exemplo, devem falar do Espírito Santo; no Natal deverão se referir ao nascimento de Jesus, e assim por diante.

A oração depois da comunhão e a oração final poderão ainda fazer referência a uma das leituras bíblicas ouvidas naquele dia, principalmente do Evangelho. Por exemplo, no domingo em que foi lido o Evangelho de João 20,19-31, a oração após a comunhão poderá ser como segue:

---

[13] Vejam orações já adaptadas no DS.

Senhor Jesus Cristo, como os apóstolos, estivemos reunidos convosco nesta celebração! Obrigado pela vossa Palavra que nos faz enxergar melhor o sentido de nossa vida em comunidade, o sentido da luta de vosso povo. Obrigado, Senhor, pela comida que nos faz fortes e nos faz ressuscitar convosco. Ficai com a gente e sede o nosso companheiro de caminhada, para que possamos dar testemunho de vossa ressurreição. Vós que sois Deus com o Pai, na unidade do Espírito Santo. Amém.

Este tipo de oração não foi feita para ser lida por todos juntos. A comunidade entra somente com a oração silenciosa após o oremos, acompanhando as palavras do presidente com a mente e com o coração, e com o amém final.

8. Louvor e ação de graças

8.1. O louvor na Bíblia

O povo clama ao Senhor e pede libertação. O Senhor ouve e atende. O povo fica agradecido, festeja feliz, louva e bendiz. E pede de novo, confiando na ajuda do Senhor. Há momentos para pedir e clamar. Há momentos para agradecer e louvar. Esta é a dinâmica que encontramos em toda a Bíblia.

No Antigo Testamento, o ponto de referência é o Êxodo, a saída da escravidão do Egito. Após a libertação, o cântico de Moisés faz expandir a alegria e a festa: "O Senhor é minha força e meu canto, ele foi a minha salvação [...]. Ele atirou no mar os carros e a tropa do Faraó [...]. Qual deus é como tu, Senhor?" (Êxodo 15,1-20).

Salmos e cânticos se referem a inúmeras intervenções da mão libertadora de Deus: "Louvem o meu Deus [...], celebrem o Senhor com tamborins. O Senhor é um Deus que acaba com as guerras. Do seu acampamento no meio do povo, ele me livrou da mão dos perseguidores" (Judite 16,1-17, depois que venceu Holofernes).

No Novo Testamento, o louvor brota da ressurreição de Jesus e do Reino de Deus inaugurado por ele, da Palavra pregada, da nova vida que nos foi dada, do Espírito derramado, do novo povo conquistado por Deus: "[...] ouvi ainda o clamor de uma multidão de anjos [...] que proclamavam em alta voz: 'O Cordeiro imolado é digno de receber o poder e a riqueza, a sabedoria a força, a honra, a glória e o louvor'. Nessa hora, todas as criaturas do céu, de debaixo da terra, e do mar, todos os seres vivos proclamaram: 'O louvor, a honra, a glória e o poder pertencem àquele que está sentado no trono e ao Cordeiro pelos séculos dos séculos' " (Apocalipse 5,11-14).

"O motivo de nosso contínuo agradecimento a Deus é este: quando ouviram a Palavra de Deus que anunciamos, vocês a acolheram não como palavra humana, mas como ela realmente é, como Palavra de Deus [...]" (1 Tessalonicenses 2,13).

"Com alegria, dêem graças ao Pai, que permitiu a vocês participarem da herança dos cristãos, na luz. Deus Pai nos arrancou do poder das trevas e nos transferiu para o Reino do seu Filho amado, no qual temos a redenção, a remissão dos pecados" (Colossenses 1,12-14).

Vejam ainda: 1 Coríntios 1,4; Efésios 1,1-15; 1 Tessalonicenses 1,2-5; 2 Tessalonicenses 1,3-5; Apocalipse 4; 7,9-12; 11,15-18; 15,1-4; 21,1-5; 22,1-5.[14]

8.2. Viver em ação de graças

Mergulhados que fomos pelo batismo na morte-ressurreição de Jesus (Romanos 6,1-6), feitos participantes da natureza divina (2 Pedro 1,4), podendo beber da água de vida que brota do Pai, do Filho e do Espírito Santo, nós, cristãos, devemos fazer de nossa vida uma contínua ação de graças. Devemos nos tornar "Eucaristia", louvor e bendição: "[...] rezem sem cessar. Dêem graças, em todas as circunstâncias, porque esta é a vontade de Deus a respeito de vocês em Jesus Cristo" (1 Tessalonicenses 5,18). "Agradeçam sempre a Deus Pai por todas as coisas, em nome de nosso Senhor Jesus Cristo" (Efésios 5,20).

---

[14] Vejam a versão rimada e musicada de vários desses cânticos no ODC, pp. 253-264.

8.3. Louvor e ação de graças na celebração

A expressão comunitária mais significativa e completa desta vida de ação de graças é a liturgia eucarística, na qual nos unimos a Jesus Cristo na entrega total de sua vida ao Pai, em louvor e bendição. Já vimos na primeira parte deste livro que o domingo é por excelência o dia da Eucaristia, do louvor, da ação de graças pela ressurreição de Jesus que nos deu esperança e nova vida.

Mas como expressar esse louvor na celebração do domingo, quando por falta de ministro ordenado não se pode celebrar a Eucaristia à qual toda comunidade teria direito? Como fazer do louvor o ponto alto da celebração? Como fazer dele um dos "elementos fundamentais" como pede a CNBB?

> Um dos elementos fundamentais da celebração comunitária é o "rito de louvor", com o qual se bendiz a Deus pela sua imensa glória. A comunidade reconhece a ação salvadora de Deus, realizada por Jesus Cristo, e canta seus louvores. "Bendito seja o Deus e Pai de nosso Senhor Jesus Cristo: ele nos abençoou com toda a bênção espiritual" (Ef 1,3; cf. Ef 5,20; 2Cor 1,3). "Deus Pai nos arrancou do poder das trevas e nos transferiu para o Reino do seu Filho amado, no qual temos a redenção, a remissão dos pecados" (Cl 1,13-14) (*Orientações para a celebração da Palavra de Deus*, doc. 52, item 83).

A seguir apresentamos três elementos, a título de exemplo: a) uma bênção, oração de ação de graças e louvor; b) benditos e louvações; c) outros motivos de louvor e ação de graças.[15]

a) Uma bênção, oração de ação de graças e louvor

Na celebração do batismo, no tempo pascal, quando se usa a água benta na vigília pascal, o ritual coloca assim mesmo uma oração do tipo

---

[15] Vejam outros exemplos: DS e BUYST, Ione. Presidir a ação de graças e a partilha. *RL,* n. 150, nov.-dez. 1998. pp. 28-33.

bênção "para que não falte ao batismo o louvor e a súplica". Esse procedimento também encontramos no ritual para a unção dos enfermos: sobre o óleo bento pelo bispo na missa do crisma, o padre reza uma nova bênção, uma oração de louvor e ação de graças, bendizendo o Pai pela salvação realizada em Jesus Cristo.

Poderíamos, portanto, fazer uma bênção parecida, uma oração de louvor e ação de graças ao Pai pela ressurreição de Jesus, após a liturgia da Palavra:

Dirigente:	Irmãos e irmãs, Deus seja louvado!
Todos:	Deus seja louvado!
Dirigente:	Pai, neste dia de domingo, dia da ressurreição de vosso Filho, nós vos damos graças porque pela ressurreição de Jesus nos destes esperança. A morte foi vencida pela vida, a vossa justiça triunfou sobre a injustiça dos poderosos deste mundo, o vosso amor foi mais forte que o ódio.
Todos:	Obrigado, ó Pai!
Dirigente:	Sim, Pai, graças à ressurreição de Jesus, não temos mais medo da morte. A morte foi vencida pela vida. O grão de trigo, caído na terra, morreu, mas está produzindo muito fruto.
Todos:	Obrigado, ó Pai!
Dirigente:	Nós vos agradecemos a união existente entre nós... (outros motivos de ação de graças, de acordo com o ano litúrgico, as leituras ouvidas e os acontecimentos).
Todos:	Obrigado, Pai!
Dirigente:	Por tudo isso, unindo-nos a todas as comunidades espalhadas pelo mundo inteiro, unindo-nos aos anjos e santos, cantamos o vosso louvor.
Todos cantam o Glória *ou o* Santo *ou o* Cântico de Zacarias *ou o* Cântico de Maria.	

Notem bem que não tem sentido nenhum o dirigente rezar uma oração eucarística completa, tirando apenas as palavras da consagração. As orações eucarísticas são próprias da missa, e a consagração é uma parte integrante delas. Tampouco devemos substituir a louvação e a ação de graças pela adoração ao Santíssimo Sacramento.[16] Esta poderá ser feita como celebração independente, durante a semana. O domingo se caracteriza pelo louvor por causa da ressurreição de Jesus e da salvação que ele nos trouxe.

b) Benditos e louvações

Uma solução melhor ainda são as *louvações* inspiradas nos *benditos* da religiosidade popular, terminando com o Santo.[17] São cantos de repetição: o presidente canta cada verso que é repetido por todos, sem que haja necessidade de livros ou folhetos. Os textos são poéticos, bíblicos, litúrgicos e orantes.

Reproduzimos aqui o texto da louvação da festa da Ascensão:[18]

EU VOU CANTAR UM BENDITO,
UM CANTO NOVO,
UM LOUVOR.

1) Ao Deus Pai que nesta hora
   as chaves da glória ao Filho entregou.

2) Jesus subiu para o céu
   ao lado de Deus, na glória sentou.

3) Os anjos se admirando
   aplaudem exclamando: "O Homem chegou!"

---

[16] Cf. CNBB, doc. 52, item 86.

[17] Na *RL*, n. 74, Louvação a Deus, mar./abr. 1986, encontramos uma coleção completa de louvações para todo o ano litúrgico, de autoria dos padres Reginaldo Veloso e Geraldo Leite. Além do texto e das partituras, encontramos ainda uma apresentação do padre Reginaldo e uma análise das louvações feita pelo padre Gregório Lutz. Impossível reproduzir aqui toda a riqueza desses artigos, cuja leitura e estudo recomendamos vivamente. Novas louvações foram acrescentadas no DS e no H2 e 3.

[18] Cf. H2, p. 103. Criada pelo padre Geraldo Leite para a celebração da festa da Ascensão, num encontro da CNBB em preparação ao 2º volume do Hinário Litúrgico, 5-12 de maio de 1986.

> 4) Mostrando ao Pai sua chagas
> o preço da graça por nós pagou.
>
> 5) E os céus se juntam com a gente
> e o povo contente canta com amor:
> SANTO, SANTO, SANTO...

Há louvações para cada tempo do ano litúrgico: Advento, Natal, Epifania, Quaresma, Páscoa, Pentecostes, festas da Virgem Maria, Fiéis Defuntos, Cristo-Rei.

Graças a essas louvações, a celebração do domingo em torno da Palavra poderá "atender a essa necessidade básica e tradicional da celebração dominical, que é o dar graças a Deus, bendizer ao Senhor pela sua passagem libertadora e redentora, ontem, hoje e amanhã, na vida do seu Povo, em Jesus Cristo, que morreu-e-ressuscitou, no poder do Espírito Santo".[19]

c) Outros motivos de louvor e ação de graças

Além do grande motivo de louvor e ação de graças que é a ressurreição de Jesus e a vida nova que ela nos traz, a comunidade poderá expressar outros motivos bem concretos: sinais de vida e ressurreição percebidos durante a semana na comunidade, no bairro, na região, na cidade, no mundo... Por exemplo: uma vitória nas lutas populares (terra, água, saúde, escola, salário melhor, participação política...); o restabelecimento de um doente; a solidariedade entre os pobres; a votação de uma lei que beneficiará os pequenos...[20]

---

[19] VELOSO, Reginaldo. *RL*, n. 74: 11, mar./abr. 1986.
[20] Poderá se fazer um tipo de ladainha de ação de graças: "Pela grande obra do Universo [...] louvemos o Senhor [...]", como em: *Abra a Porta*: cartilha do Povo de Deus. Equipe de redação das Dioceses de Caratinga, Teófilo Otoni, Divinópolis e Araçuaí. São Paulo, Paulus, 1979, n. 159. p. 211.

O presidente poderá convidar todos os participantes a expressar espontaneamente esses motivos, seja no início, seja no final da louvação ou da oração de ação de graças: "Que motivo nós temos este domingo para louvar e agradecer a Deus?" "Quem quiser poderá contar o fato ao qual gostaria de agradecer ou poderá fazer uma prece de louvor, dirigindo-se a Deus: 'Obrigado, ó Pai...' ". Em seguida, a comunidade se une a cada motivo, cantando um refrão. Poderá ser uma parte do canto da louvação, por exemplo *Santo, Santo, Santo é o Senhor*, ou um dos seguintes:

- Glória a Deus, nas alturas!
- Glória a ti, Senhor!
- Nós te damos graças, nosso Deus!
- Bendito seja o Senhor Deus de Israel,
  bendito seja o Deus do povo eleito, bendito seja Deus...
- O Senhor fez em mim maravilhas, Santo é seu nome.
- Cantai ao Senhor um canto novo, aleluia,
  pois ele fez maravilhas, aleluia.

9. Canto e música[21]

Já nos referimos à importância do canto para criar e expressar a união da comunidade: pela união das vozes, pelo fato de juntos seguirmos o mesmo ritmo, de não abafar a voz de quem está do lado, de não correr nem atrasar..., conseguimos a união dos corações.

Agora, é o momento de lembrar a importância do canto para a nossa união com Deus. "Cantar é próprio de quem ama", dizia santo Agostinho; e ainda: "Quem canta, reza duas vezes". Se amarmos a Deus, sentiremos a necessidade de cantar diante dele.

---

[21] Para um aprofundamento da música na liturgia em geral, vejam: CNBB. *A música litúrgica no Brasil*. São Paulo, Paulus, 2000 (Estudos, 79).

O canto é capaz de derreter dentro de nós as atitudes negativas: a raiva, o rancor, o desespero, a tristeza... Ele faz brotar em nós alegria, confiança, perdão, bem-querer... É capaz de quebrar nosso orgulho diante de Deus, nossa resistência e nosso fechamento; pode abrir como que o fundo de nossa alma, para que possamos pressentir algo do insondável mistério do Amor de Deus.

A melodia, o ritmo, a cadência da música, a poesia do texto, a participação das células de nosso corpo... fazem do canto um meio valioso para a oração, um meio de comunicar tudo aquilo que não cabe em palavras faladas: o nosso amor, a nossa admiração, a nossa união com Deus.

É evidente que isso não acontece automaticamente. Muitas vezes cantamos *por cantar*, sem consciência nenhuma, sem atenção... Cantar e sentir a música é algo que se aprende. Daí a importância dos ministros do canto, que devem ser pessoas que nos ajudem a cantar rezando e ao mesmo tempo nos entregando ao diálogo e à comunhão com Deus.

Não só o canto, também o toque dos instrumentos em alguns momentos da celebração pode ajudar a criar um clima de oração: no início da celebração, após a homilia, após a comunhão... Os instrumentistas deverão escolher cuidadosamente o tipo de música que combina com esses momentos.

Quanto ao toca-discos que se ouve, às vezes, em alguma comunidade: é sempre preferível a música *ao vivo*. A máquina não é capaz de louvar a Deus, somente o ser humano! Mas se por algum motivo tivermos de recorrer a um CD ou a fita gravada para música de fundo, que seja, de preferência, música sem letra: não é o momento de *encher nossa cabeça* com mais palavras, mas de esvaziar nossa mente, preparando-nos para escutar Deus que vem nos falar.

Em que momento da celebração devemos cantar? Os cantos mais importantes são os próprios textos litúrgicos, como entrada, saudação, o canto que acompanha a aspersão com água, "Senhor, tende piedade...", "Glória...", salmo de resposta, aclamação ao Evangelho, louvação com o "Santo...", canto de comunhão, canto a Maria após a bênção... Antes do início da celebração, após a homilia, após a comunhão..., cabe uma peça instrumental ou um refrão meditativo. Não nos esqueçamos de proclamar o Evangelho cantando, pelo menos nas grandes festas, se possível... (Vejam um quadro completo com todas as possibilidades no Anexo, no final do livro: *Roteiro de cantos.*)

Quem deve cantar? O povo todo, principalmente os refrões. De vez em quando, o grupo de cantores, ou solistas, poderá alternar com o povo, cantando os versos ou as estrofes. Isto traz duas vantagens: 1) dispensa o papel e a leitura do povo; 2) ajuda-nos a prestar mais atenção à letra. Para facilitar a participação do povo é preciso ter um animador que dirija o canto e convide o povo a cantar, indicando inclusive a página em que se encontra o texto. Também um pequeno grupo de cantores e instrumentistas, bem ensaiados, é indispensável para que o povo sinta segurança e cante.

Que tipo de músicas devemos cantar? Na liturgia devemos cantar somente *música ritual*. Não é o momento de se colocar músicas catequéticas ou músicas "de mensagem"; estas têm o objetivo de instruir, de ensinar. A música na liturgia tem outra função. É parte integrante da liturgia (SC 112). É ação, é acontecimento, é rito. Não descreve, não faz definições; é linguagem de uma outra ordem: expressa e realiza aquilo que é expresso: nossa inserção no mistério do Senhor, celebrado ao longo do ano litúrgico e em cada celebração. Por exemplo, cantando *"Santo, santo, santo é o Senhor..."*, nós nos encontramos diante do trono e vemos o Senhor e sua glória que enche toda a terra (Isaías 6,3); adoramos aquele que vive pelos séculos dos séculos (Apocalipse 4,8).

Não nos esqueçamos ainda de que a comunidade deve poder se reconhecer no conteúdo e na linguagem poética e musical.

10. Silêncio

Há pessoas que no contato com os outros ficam falando sem parar. Despejam seus problemas, seus sonhos, suas frustrações. Não perguntam pelo outro. Não estão interessadas em troca ou diálogo com o outro. Só querem ser ouvidas, ver resolvidos os seus problemas.

Não é isso que fazemos muitas vezes com Deus? Falamos, dizemos orações, cantamos... porém, esquecemo-nos de ouvi-lo, na sua Palavra e no silêncio.

A verdadeira oração deverá brotar da Palavra que faz nascer em nós a fé, que depois transborda em ação de graças, louvor, pedido, arrependimento, profissão de fé... E a Palavra precisa de espaços de silêncio, como a semente precisa da terra para germinar e criar raízes.

Silêncio, porém, não é ausência só de palavras, é também ausência de pressa, de afobação. Silêncio é calma, é interioridade, é atenção, é espera.

Precisamos de três tipos de silêncio na celebração:

1) Um silêncio que chamaríamos de *funcional*. Para que a palavra ou o gesto sejam percebidos é preciso que haja ausência de ruído, de barulho, de movimento. É preciso criar esse tipo de silêncio, uma pequena pausa, no início da celebração (após o ensaio de músicas ou após o canto de entrada) e entre as várias partes da celebração (após os ritos iniciais, após a liturgia da Palavra, após a oração da comunidade).

2) Um silêncio de *escuta*, em preparação às leituras e à oração. Trata-se de uma atitude interior, de expectativa, de receptividade, de concentração, de alguém que está muitíssimo interessado no que se vai falar. Não devemos ficar atentos apenas ao sentido literal das palavras, mas tentar ouvir o que o Espírito diz à nossa comunidade por meio dessas palavras.

3) Um silêncio de *comunhão*, de interiorização, de meditação, após as leituras e a homilia, após a comunhão. É um momento de ficar em silêncio diante do Senhor, sem falar ou pensar muito. Deixar que tudo o que foi feito e falado ressoe e penetre lentamente dentro de nós, como a chuva penetra no campo, como a luz do sol que entra pela janela e inunda a casa, como as ondas do mar que vêm bater na areia da praia.

11. Bênçãos

Entre as orações da Igreja, podemos incluir também três tipos de bênçãos:

- as bênçãos sacramentais, como a oração eucarística da missa, a oração sobre a água do batismo; sobre o óleo na unção dos enfermos... (que não vêm ao caso na celebração da Palavra);
- a saudação inicial, da qual já falamos no capítulo 2º;
- a bênção final.

Quando pedimos e acolhemos a bênção de Deus, ele vem e transforma nossa pessoa e nossa vida. Ele faz de nós testemunhas de seu amor, de seu bem-querer.

Por isso, costumamos encerrar toda celebração litúrgica com uma bênção.

O ministro ordenado (bispo, padre, diácono) dá a bênção ao povo, em nome de Deus: "Abençoe-vos, Deus todo-poderoso..." e traça o sinal-da-cruz sobre o povo.

O leigo pede a bênção a Deus em nome de todo o povo: "Que Deus nos abençoe..." e faz o sinal-da-cruz como os demais.

De modo geral, essas bênçãos têm um pequeno texto de fundo bíblico. Podem ser seguidas pelo "em nome do Pai e do Filho e do Espírito Santo".

Eis alguns textos à escolha:

★ "Que Deus nos abençoe, nos guarde de todo mal e nos conduza à vida eterna".

★ "A bênção de Deus todo-poderoso, Pai e Filho e Espírito Santo, desça sobre nós e permaneça para sempre".

★ "O Senhor os abençoe e guarde. O Senhor lhes mostre seu rosto brilhante e tenha piedade de vocês. O Senhor lhes mostre seu rosto e lhes conceda a paz" (Números 6,24-26).

★ "Então a paz de Deus, que ultrapassa toda compreensão, guardará em Jesus Cristo os corações e pensamentos de vocês" (Filipenses 4,7).

> ★ "Que o Deus da esperança encha vocês de completa alegria e paz na fé, para que vocês transbordem de esperança, pela força do Espírito Santo" (Romanos 15,13).

Outra sugestão: pode-se fazer uma bênção relacionada a uma das leituras do dia, principalmente o Evangelho. Por exemplo:

> ★ "Que Deus nos dê a força e a coragem para carregarmos a nossa cruz, seguindo o seu Filho, nosso Senhor Jesus Cristo".
> ★ "Que Deus nos guarde unidos a Jesus, como os ramos estão unidos ao tronco, e que possamos dar muitos frutos de justiça e de paz".
> ★ "Que o Deus da paz nos santifique completamente. Que ele guarde a nossa mente, a nossa alma e o nosso corpo livres de toda mancha, para a vinda de nosso Senhor Jesus Cristo".

No final, acrescenta-se a bênção comum: "Que Deus nos abençoe..." ou "E que a bênção de Deus..."

Poderemos usar também uma das 20 bênçãos solenes ou das 26 orações sobre o povo que se encontram no Missal Romano.

12. Canto a Maria

Muita gente reclama de que algumas comunidades estão se esquecendo da Mãe do Senhor na celebração de domingo. Outras cantam e rezam a Maria, mas nem sempre no momento mais adequado.

Na tradição romana da liturgia, o canto a Maria vem no final da oração da noite (antífonas marianas, uma para cada tempo litúrgico: *Ó Mãe do Redentor, Ave Rainha do Céu, Rainha do Céu, Salve Rainha*).

Já que a grande maioria das comunidades não faz a oração da noite, poderiam cantar a antífona mariana ou canto a Maria após a bênção final da celebração dominical.[22] O dirigente poderia fazer o convite para que todos se voltem em direção à imagem de Maria, ou alguém poderia acender uma vela ou levantar a imagem e segurá-la com as duas mãos em frente à comunidade, durante o canto. Quem quisesse, poderia, depois, ir beijar a imagem, como é o costume em muitos lugares.

Devemos evitar, durante a celebração do domingo, rezar a ave-maria logo em seguida ao pai-nosso. Poderíamos estar dando a impressão de que Maria esteja "ao lado de Deus", enquanto, na realidade, ela está mais do lado da comunidade, como *Mãe da Igreja*, como *Caminheira* com o seu povo.

Quanto às festas de Maria, é difícil a comunidade que não as celebre com muita devoção, organizando terço e até procissão com a imagem da Virgem Maria.

Para a reunião da equipe

1) *Podemos dizer que a nossa celebração do domingo é, toda ela, feita num diálogo com Deus? Há clima de oração, de abertura para com o Senhor em todos os momentos da celebração?*

2) *Dos 150 salmos da Bíblia, quantos a nossa comunidade conhece e canta? Os outros cantos e hinos são de inspiração bíblica? São cantos que ajudam a rezar e celebrar, ou são cantos catequéticos que só levam a pensar?*

3) *Nós temos variado a forma da profissão de fé, do rito penitencial, da saudação, da bênção final de acordo com a comunidade, o tempo litúrgico ou as leituras da celebração?*

4) *Será que a nossa maneira de fazer e organizar a oração dos fiéis não poderia ser melhorada, no sentido de ser mais comunitária e mais participativa?*

---

[22] Vejam uma seleção de cantos no ODC, pp. 352-367.

5) *O louvor e a ação de graças deveriam ser o ponto alto de nossas liturgias dominicais. Que passos a comunidade poderia dar para descobrir e valorizar esse momento importante?*

6) *O que fazer para a comunidade descobrir o valor dos momentos de silêncio?*

7) *De que modo Maria é lembrada em nossa celebração do domingo?*

"O que vimos com nossos olhos e apalpamos com nossas mãos a respeito do Verbo da vida, nós lhes anunciamos, para que tenhais comunhão conosco e com o Pai e com seu filho Jesus Cristo" (1João 1,1-4).

V

AÇÕES, GESTOS, RITOS, SÍMBOLOS[1]

1. O corpo na liturgia

Liturgia se faz com palavras e... ações, gestos, ritos, símbolos. O próprio termo *liturgia* já diz isto: *urgia* significa ação, trabalho, serviço, fabricação. É uma ação, um trabalho, um serviço que se realiza com o corpo. Não existe liturgia sem o uso do corpo, sem o uso dos sentidos. Liturgia se faz com "sinais sensíveis" (SC n. 7).

Pelo corpo estamos em contato com a natureza: sentimos o sol, a chuva, o frio e o calor... Vemos as flores, o mar, a areia, as formigas, as estrelas... Aramos a terra, colhemos verduras e frutas. Sentimos o cheiro da mata, dos temperos e dos animais. Saboreamos o milho e o arroz, o mamão, as verduras... e nos alimentamos com eles. Apreciamos a água que limpa o corpo, que tira a sede ou que nos arrasta na correnteza.

Pelo corpo entramos em contato uns com os outros: apertamos as mãos e o corpo no abraço, ouvimos a voz, trocamos presentes. Ou fuzilamos o outro com um olhar, batemos com raiva, matamos...

---

[1] Leiam mais sobre o assunto: BUYST, Ione. *Símbolos na liturgia*. São Paulo, Paulinas, 1998 (Coleção Celebrar); BUYST, Ione. *Celebrar com símbolos*. São Paulo, Paulinas, 2001 (Coleção Celebrar).

O contato e a comunicação com Deus passam pelo mesmo caminho: faz-se por meio do corpo. São João diz que Jesus é "o Verbo que se fez carne" (João 1,14). Ele se fez gente: falando, ouvindo, tocando... Ele ergueu sua tenda, seu barraco em meio aos nossos e conviveu conosco. E assim tomando um corpo no seio da Virgem Maria, o Filho Unigênito, que estava no seio do Pai, nos fez conhecer Deus, que ninguém nunca viu (João 1,18). "Quem me viu, viu o Pai", disse Jesus (João 14,9). Depois da morte de Jesus, os discípulos comunicaram aos outros a experiência do encontro e da convivência com o Senhor, que é uma experiência que passa pelo corpo:

> Aquilo que existia desde o princípio, o que ouvimos, o que vimos com nossos olhos, o que contemplamos e o que nossas mãos apalparam – falamos da Palavra, que é a Vida. Porque a Vida se manifestou, nós a vimos, dela damos testemunho, e lhes anunciamos a Vida Eterna. Ela estava voltada para o Pai e se manifestou a nós. Isso que vimos e ouvimos, nós agora o anunciamos a vocês, para que vocês estejam em comunhão conosco. E a nossa comunhão é com o Pai e com o seu Filho Jesus Cristo (1 João 1,1-3).

O próprio Jesus, na véspera de sua morte, indicou aos discípulos e a todos nós o meio para nos lembrarmos sempre dele e entrarmos em contato com ele:

> Façam isto para celebrar a minha memória. Tomem pão e vinho, dêem graças ao Pai, comam e bebam. Isto é o meu Corpo entregue por vocês. Isto é o meu Sangue derramado por vocês. Todas as vezes que comerem deste Pão e beberem deste cálice estarão anunciando a minha morte e proclamando a minha ressurreição.

A presença física dele antes de sua morte se prolonga, por assim dizer, nos sinais sacramentais, na ação litúrgica de seus discípulos reunidos em seu nome. A reunião dos discípulos, a lembrança de tudo o que ele fez e disse, a oração em comum, o abraço da paz entre os irmãos, o batismo de novos convertidos, a unção dos enfermos... tudo isto se torna um meio de trazer o Cristo presente, de viver em união com ele e, por meio dele, em comunhão com o Pai, na unidade do Espírito Santo. Pessoas, lugares, gestos, objetos... se tornam assim meios de comunicação e de comunhão entre nós e Deus.

2. Simbolizar

Para que isto seja possível, é preciso que as pessoas não tenham perdido a sua capacidade de simbolizar. *E o que é simbolizar?* Leonardo Boff nos conta que um dia recebeu uma carta de parentes, anunciando a morte do seu pai. E na carta haviam colocado um toco de cigarro. Era o toco do último cigarro de palha que o pai havia fumado antes de morrer. Leonardo guarda esse toco como algo de muito valor.[2]

Simbolizar é expressar e perceber um sentido para além do valor funcional, técnico ou comercial de um objeto, de um gesto... Um toco de cigarro, que valor tem? É coisa de se jogar no lixo. Mas, vendo nesse toco a presença de uma pessoa querida, ele se torna impagável. Quando oferecemos um cafezinho a um amigo que vem nos visitar, não é só café que oferecemos, mas é principalmente amizade, hospitalidade, admiração, respeito, carinho... Simbolizar é ser capaz de sintonizar com uma realidade invisível, por meio de um objeto ou um gesto visível, palpável... Por meio dos *sentidos* do corpo, percebemos o *sentido* (significado) que aquele gesto ou objeto mostra e esconde ao mesmo tempo, *vela* e *revela*. Sim, o próprio corpo também é uma realidade simbólica. Quem se prende ao aspecto *material*, palpável, visível... sem procurar aí dentro a alma, o coração, a mente da pessoa, nunca será capaz de um contato humano verdadeiro. Eu recebo o cafezinho e digo *muito obrigado(a)*, não só pelo café, mas pela amizade, pela pessoa do amigo ou da amiga. Eu vejo o toco de cigarro ou outro objeto significativo e entro em contato com alguém que é representado nesse objeto. Dou um abraço ou um aperto de mão: tocando o corpo, entro em contato com a pessoa toda.

---

[2] BOFF, Leonardo. *Os sacramentos da vida e a vida dos sacramentos.* Petrópolis, Vozes, 1975. pp. 21-22.

3. Liturgia: uma ação simbólica

A liturgia é toda ela simbólica. Os objetos, as ações, os gestos, o espaço... referem-se a uma outra realidade, que de certo modo se torna presente neles. A vela acesa não existe só para clarear o ambiente, mas para *representar* nossa fé em Jesus vivo e ressuscitado. O altar não é apenas uma mesa para se colocar coisas em cima; ele é a Mesa do Senhor. A Estante da Palavra com a Bíblia não é apenas um móvel para segurar um livro qualquer; é também ela a Mesa do Senhor, onde recebemos o Pão da Palavra. A água do batismo não é para fazer a higiene ou para matar a sede; mas para acabar em nós com o "homem velho" e fazer nascer o "homem novo" (Efésios 4,17-5,2; Colossenses 3,1-17; Romanos 6,1-11). Ajoelhando, cremos. Ficando de pé, colocamo-nos à disposição do Senhor para segui-lo. Fazendo o sinal-da-cruz, revestimo-nos de Cristo morto e ressuscitado. Andando em procissão, colocamos nossa vida junto com nossos pés, nas pegadas de Jesus.

Tudo na liturgia refere-se a uma só grande realidade: Jesus Cristo e o seu Reino. Todas as pessoas, as coisas, os gestos e ações, o tempo e o espaço... vêm carregados com o Espírito do Ressuscitado. E se quisermos participar dessa realidade, deveremos entrar no jogo simbólico da liturgia. Deveremos deixar de lado nossa mentalidade materialista, funcionalista, racional... e reaprender a mentalidade poética, intuitiva, afetiva das crianças, dos simples, dos que são sábios.

A Bíblia pode nos ajudar a redescobrir a linguagem simbólica. Ela não lida com conceitos e abstrações. Conta parábolas e lembra histórias. Apresenta inúmeros exemplos de gestos e ações simbólicos (vejam, por exemplo: Jeremias 13,1-11; Ezequiel 4,1-17; João 13,1-17; Atos 21,10-14).

Com a Bíblia podemos aprender a celebrar com o corpo. Abraão se prostrou por terra diante dos três viajantes. Moisés tirou as sandálias na frente do Senhor que lhe falava na sarça ardente. Miriam, irmã de Aarão, apanhou o pandeiro e saiu dançando e cantando por causa da derrota dos egípcios que perseguiam os hebreus. Na casa de Lázaro, Maria pegou um frasco de perfume e ungiu os pés de Jesus. O publicano ficava no fundo do templo e batia no peito. Jesus pegou bacia e toalha e lavou os pés dos discípulos, tomou pão e vinho, deu graças e repartiu entre os seus.

Graças a Deus, muitos de nós nunca perdemos essa capacidade de rezar com o corpo e de crer com símbolos. E muitos que a perderam estão, aos poucos, redescobrindo esse grande valor.[3] É por isso que, principalmente nas Comunidades de Base, a liturgia está-se tornando de novo *urgia*, isto é, ação, serviço, movimento, corpo, símbolo, gesto. Lá o povo "reza com os pés... As CEBs valorizam o visual e o concreto, o movimento, a melodia, o ritmo..." Dão nova vida a símbolos tradicionais: o círio, a Bíblia, a cruz, a procissão, a caminhada. Criam novos gestos e símbolos tirados da Bíblia e da vida cotidiana: a semente, o trem, tirar as sandálias dos pés.[4]

4. É preciso ter a chave

Um símbolo ou ação simbólica só funciona numa celebração litúrgica, se toda a comunidade conhece a "chave" para interpretar o símbolo.

Alguns objetos ou ações simbólicas são tão enraizados na alma humana que qualquer pessoa logo perceberá: água, fogo, luz, montanha... parecem bastante universais. Outros estão ligados a uma determinada cultura: para alguns povos, branco é sinal de luto, para outros é sinal de vida e ressurreição. De modo que é necessário sempre perguntar a respeito de cada objeto ou ação simbólica: o que significa, de fato, tal coisa para cada comunidade.

Para nós, cristãos, é indispensável a referência à Bíblia. Quem nunca ouviu falar da passagem dos hebreus pelo Mar Vermelho, dificilmente chegará a viver em profundidade a celebração do batismo cristão. Quem nunca aprendeu a ver na Bíblia a Palavra de Deus, dificilmente a tratará com o devido respeito.

---

[3] Vejam a insistência numa liturgia mais gestual e corporal em: CNBB. *Diretório para missas com grupos populares*. São Paulo, Paulinas, 1977.

[4] MARTIN, Leonardo. c.ss.r. Um povo que reza com os pés. Os gestos e símbolos das CEBs no 5º encontro intereclesial. Canindé. *RL,* n. 59, pp. 1-7, set./out. 1983.

Daí a grande importância da catequese de crianças, jovens e adultos que deve nos introduzir no mundo simbólico da liturgia. Não se trata de explicar, mas de colocar o objeto ou a ação simbólica num determinado contexto humano, bíblico e celebrativo, de modo que aprendamos (com a intuição) o seu significado.

5. Nem rotina, nem só novidades, mas um acontecimento de fé

Ainda não basta que a comunidade seja familiarizada com os objetos e as ações simbólicas para que estes funcionem como meio de comunicação e comunhão com o Senhor. Facilmente caímos na rotina. Ajoelhamos, acendemos uma vela, comungamos... mas o nosso coração está longe. Ou, então, uma atitude mágica toma conta de nós: não nos interessa a comunhão com o Senhor, mas o benefício, a graça que gostaríamos de conseguir com as nossas velas e rezas. De certo modo, queremos "comprar" Deus, colocá-lo a nosso serviço, fazê-lo "funcionar" por meio de nossos ritos.

Tanto a rotina como a atitude mágica destroem e tornam impossível a função simbólica. De vez em quando, devemos ajudar a comunidade a redescobrir seus símbolos e ritos, tirando-os da rotina, introduzindo-os com um texto bíblico, ativando a atitude de fé e de entrega que tornam o símbolo fecundo. O sinal-da-cruz, por exemplo: quantas vezes o fazemos de maneira distraída, sem pensar nem sentir nada, sem nos comunicar com Deus ou deixar que ele se comunique conosco. No início da celebração, o presidente poderá dizer: "Irmãos, fazendo o sinal-da-cruz vamos nos revestir de Cristo. Ele deu sua vida para salvar seus irmãos. Em nome do Pai..." Ou: "Irmãos, no batismo fomos marcados com o sinal de nosso Senhor Jesus Cristo para dar testemunho de sua ressurreição. Em nome do Pai..." Mais do que as palavras, é a atitude e a convicção de quem fala e faz que são capazes de arrastar a comunidade.

O contrário da rotina é a constante novidade. Isto também prejudica. Não podemos inventar símbolos novos a toda hora. Isto cansa a comunidade; tira-lhe o sossego e a referência ao passado. A repetição é um elemento importante na função simbólica.

Por isso, o que importa é a atitude interior que "toma corpo" num gesto ou numa ação simbólica, sem a qual não haveria atitude interior. "Ajoelha e crerás", dizia Pascal, um famoso filósofo francês. Há uma coincidência entre a atitude interior e o gesto corporal.[5] Os dois formam uma coisa só. Os gestos litúrgicos são "fé em ato".[6] Expressam a fé e a despertam. São sinal de nosso amor e ao mesmo tempo fazem nascer e crescer esse amor. Repetindo os gestos que Cristo deixou ou inspirou em sua Igreja, expressamos nossa adesão a ele e ao mesmo tempo somos "moldados" por sua graça, por seu Espírito, de modo a nos tornarmos parecidos com ele, unidos a ele, participantes de seu mistério pascal. Esta é a divina pedagogia escondida na ação litúrgica: nela e por meio dela, o Senhor forma em nós o "homem novo", feito à imagem e semelhança do Cristo Morto-Ressuscitado.

Na prática, como fazer? Vamos tomar consciência da importância do corpo na liturgia e de sua função simbólica. Vamos começar lembrando as atitudes, os gestos, as ações e os movimentos e os objetos simbólicos. Vamos lembrar o que fazemos ou podemos fazer com os cinco sentidos numa celebração. A lista não pretende ser completa: cada comunidade poderá enriquecê-la a partir de sua própria experiência.

6. Atitudes do corpo

Ficamos de pé na entrada, durante a aclamação e a leitura do Evangelho, durante a oração da comunidade e a oração de louvor. É sinal de prontidão para receber e ouvir o Senhor, para nos comprometer na ação. É chegar diante do trono de Deus e do Cordeiro, louvando e agradecendo, pedindo e intercedendo. Comparem: Neemias 8,3-6; Salmo 27(26),5-6; Lucas 4,15-16; Apocalipse 14,9-11.

---

[5] *Símbolo* vem do grego *symballein*, colocar junto, juntar.

[6] VERGOTE, Antoon. Gestos e ações simbólicas na liturgia. *Concilium*. Petrópolis, n. 62. 1971/2, pp. 168-178.

Ficamos sentados durante as leituras bíblicas (também a leitura ou o canto do/s salmo/s); para a homilia ou partilha da Palavra; para momentos de silêncio, oração e meditação. É a atitude dos discípulos e discípulas que querem aprender tudo com o Mestre. Comparem: Lucas 8,38; 10,38-39; Atos 22,3.

Ficamos ajoelhados durante o rito penitencial; para um momento de adoração ao Santíssimo Sacramento; eventualmente para um momento de oração. Sendo uma atitude mais penitencial, os primeiros cristãos a evitavam no domingo: no dia da ressurreição convém a atitude de pé, a atitude de ressuscitados. Comparem: Mateus 2,10-11; 15,21-28; 18,23-27; Lucas 22,39-42; Atos 7,59-60; 9,39-41; 21,5-6; Efésios 3,14-16; Filipenses 2,9.

Curvamos a cabeça ou o corpo todo e abaixamos o olhar durante a oração silenciosa, após cada *oremos* e durante o *Glória ao Pai, ao Filho e ao Espírito Santo*: é um momento de reconhecer nossa pequenez diante de Deus; é um momento de concentração de todo o nosso ser diante do Senhor, voltado para aquele que mora em nós como em um templo. Comparem: Lucas 18,13.

Ficamos prostrados, o corpo todo colado ao chão, em sinal de entrega total à graça e ao serviço do Senhor. É um gesto usado no início da celebração da Paixão do Senhor (Sexta-Feira Santa), na ordenação do clero e na consagração das virgens. Mas talvez poderá ser usado em alguma comunidade em outras ocasiões. Comparem: Gênesis 17,1-3; Êxodo 34,6-9; 1 Samuel 1,26-28; 2 Crônicas 20,14-19; Neemias 8,6; Salmo 95(94), 6; Eclesiástico 50,18-23; Mateus 26,36-39; Mateus 28,8-10; Lucas 5,4-8; Lucas 5,12-13; João 9,35-38; Apocalipse 4,9-11; 5,14.

Ficamos de mãos postas ou com os dedos entrelaçados durante as preces e as orações; às vezes também durante a oração silenciosa e para nos aproximarmos para receber a comunhão. É expressão de interiorização, de encontro com o Deus escondido dentro de nós. É expressão também de quem reúne as forças para vencer uma grande aflição.[7]

---

[7] GUARDINI, Romano. *Van heilige symbolen*: een inleiding tot de levende werkelijkheid van de liturgie. 4. druk. Tielt/Den Haag, Lannoo, 1958. pp. 21-22.

Levantamos as mãos, os braços, a cabeça e o olhar principalmente durante o *pai-nosso*, mas haverá certamente outras ocasiões para tomarmos essa atitude expressiva. É sinal de louvor e de prece ao mesmo tempo. Estamos diante do Senhor, em total abertura, com tudo o que temos e somos. Comparem: Salmo 63(62),5; 142(141),2b.

7. Movimentos, gestos, ações

Andamos em procissão no início da celebração, para deixar nossa contribuição para a comunidade, para beijar o altar, a cruz ou a Bíblia ou para receber a comunhão. Às vezes fazemos uma caminhada fora do local da celebração, como rito inicial, ou ainda distribuindo as leituras da liturgia da Palavra em várias paradas da mesma caminhada. A procissão é expressão de nossa vida de fé como uma caminhada até Deus, da vida em comunidade como uma caminhada para chegarmos à Terra Prometida, seguindo o Cristo que é o Caminho.

A dança:[8] as nossas liturgias são montadas com elementos da cultura européia. Está na hora de acolhermos também elementos das culturas afro-brasileira e indígena. Entre elas, a dança e o gingado do corpo, na procissão de entrada, na procissão com o Livro, durante o "Santo é o Senhor..." Embora não se exclua a atuação de ministros ou ministras da dança, é importante que todo o povo possa participar, pelo menos com alguns movimentos simples, sempre dentro do espírito da liturgia. "O dançarino só dança possuído pelo ritmo. Ora, o ritmo é a centelha que emana de uma fornalha: o espírito [...]. A dança é uma expressão corporal do espírito [...]".[9] Comparem: Êxodo 15,19-20; 2 Samuel 6,1-5; Salmo 150,4.

---

[8] Cf. CNBB. Doc. 43, itens 83; 207; 241. Vídeo: Dança litúrgica, como fazer? A experiência da Paróquia da Mustardinha, Recife.

[9] SANON, Anselme. Raízes culturais da liturgia na África após o Vaticano II. *Concilium*, Petrópolis, n. 182. pp. 80-94. Vejam também Negritude e liturgia. *RL*, n. 66, São Paulo, nov./dez. 1984.

Tirar as sandálias ou os sapatos: Moisés, chegando perto da sarça ardente, ouve a voz do Senhor que diz: "Tire as sandálias dos pés, porque o lugar onde você está pisando é um lugar sagrado" (Êxodo 3,5).

Há comunidades que repetem esse gesto de Moisés: deixam seus sapatos, sandálias ou chinelos na porta da igreja, capela ou terreiro e entram para o encontro com Deus, descalças.

Carregamos a cruz na procissão de entrada: ela vai à nossa frente, nós a seguimos. É a causa de nossa fé, motivo de nossa esperança, razão de nosso amor a Deus e aos irmãos.

Fazemos o sinal-da-cruz no início da celebração, no início do Evangelho e na bênção final.

Acendemos as velas em cada celebração: são o sinal de nossa fé em Jesus Cristo Ressuscitado. No tempo Pascal — e também nos domingos do tempo comum, acendemos o círio pascal que simboliza a presença do Cristo Ressuscitado no meio de sua comunidade.

Beijamos o altar ou a toalha do altar, a cruz, a Bíblia: o beijo é um gesto de adoração (do latim, *ad os*: levar à boca, para beijar). O altar, a cruz, a Bíblia representam para nós Jesus Cristo.

Queimar incenso ou ervas cheirosas é um sinal significativo de nossa oração: "Como incenso seja apresentada minha oração em tua presença" (Salmo 142[141],2).

A fumaça sobe, nós a seguimos com o olhar e elevamos nossa mente e nosso coração a Deus. O perfume quer agradar a Deus; é expressão de nosso amor.

Em que momento da celebração dominical cabe a queima de incenso ou ervas cheirosas? Sugerimos: 1) se houver procissão de entrada, o incenso aceso vem junto; 2) incensação do altar, da cruz, da assembléia e seus ministros nos ritos iniciais, deixando depois o incensário aceso perto da cruz ou perto do círio pascal, ou perto do altar; quando se segue o roteiro do ODC, o incenso é colocado durante o hino; 3) incensação da estante da Palavra com o Livro, antes da proclamação do Evangelho, deixando em seguida o incensário aceso perto da estante; 4) incenso aceso perto do altar, durante a ação de graças ou louvação; ou durante o cântico evangélico quando se segue o roteiro do ODC.

Lavar as mãos poderia-se tornar um gesto significativo na entrada: alguém segura uma vasilha com água; outra pessoa segura uma toalha e todos lavam as mãos antes de entrar para a celebração. Sinal de purificação. Sinal de reconhecer-se pecador: "Ó Deus, [...] lava-me por completo da minha iniqüidade, e purifica-me do meu pecado!" (Salmo 51,4). Em dias festivos pode-se oferecer água perfumada para lavar as mãos, em sinal de acolhida.

Aspergir ou respingar água, lembrando o nosso batismo. Já falamos sobre isso anteriormente, quando tratamos dos ritos de entrada (p. 64).

O abraço da paz: veja anteriormente, quando falamos da assembléia litúrgica (p. 53).

Comemos o pão eucarístico: sacramento de nossa união com Jesus Cristo Morto e Ressuscitado. "Quem come a minha carne e bebe o meu sangue vive em mim e eu vivo nele", disse Jesus (João 6,56). Sinal de nossa comum-união em Jesus Cristo: "E como há um único pão, nós, embora muitos, somos um só corpo, pois participamos todos desse único pão" (1 Coríntios 10,17).

Repartimos comidas e bebidas: Veja isso no primeiro capítulo (p. 43).

8. Objetos simbólicos

Nenhum objeto é simbólico em si, mas nós o revestimos de um sentido relacionado com nossa fé:

A cruz, o círio pascal, o altar, a estante com a Bíblia e, de modo todo especial, o *pão eucarístico*, são sinais simbólico-sacramentais da pessoa de Jesus Cristo.

A água pode significar nosso batismo, ou ainda a purificação de nossos pecados num rito penitencial.

As flores são sinal de nossa alegria e felicidade em Cristo Jesus que faz reviver até mesmo as plantas com a sua ressurreição. Portanto, nos tempos penitenciais como a quaresma, não colocamos flores no local da celebração. Será preciso lembrar que flores artificiais, de plástico, por exemplo, devem ser evitadas?

Imagens, mastros ou outras representações de Maria e dos Santos nos lembram a nossa ligação com eles na comunhão dos santos.

O espaço da celebração também é simbólico: é o chão sagrado onde Deus vem ao nosso encontro. Mesmo que seja ao ar livre, na rua, na praia, ou debaixo de uma árvore, convém marcar esse espaço com algum sinal: um cruzeiro ou simples cruz, a mesa da Eucaristia, a Estante da Palavra.

Talvez devêssemos nos tornar mais sensíveis aos *elementos da natureza* e integrá-los na liturgia; a luz do sol, o verde das matas, a sombra de uma árvore, a água da fonte, a terra, a semente, o vento, o fogo, a lua e as estrelas, a chuva e a seca, o calor e o frio, o canto dos pássaros...[10] Esses elementos da natureza têm sua importância para, se possível, marcar os *tempos litúrgicos*: o sol de verão pode-nos lembrar o Cristo, Sol Invicto, luz que ninguém consegue apagar; as chuvas de dezembro em algumas regiões podem-nos ajudar a cantar: "Das alturas orvalhem os céus, e as nuvens que chovam a justiça..."; a claridade da noite de Páscoa não deve passar despercebida na celebração da luz e do fogo... Em algumas regiões, a chuva no dia de Reis é considerada presente de Deus.

9. As pessoas

Também as pessoas reunidas para celebrar liturgia têm um sentido simbólico-sacramental. Já falamos anteriormente a respeito da pessoa ordenada para representar Jesus Cristo, Cabeça de sua Igreja. De maneira

---

[10] BOFF, Clodovis. *Teologia pé-no-chão*. 2. ed. Petrópolis, Vozes, 1984; principalmente as páginas 27s: Ceia do Senhor no coração da selva; pp. 30 e 36: Batismo na vertente e na fonte; p. 77: A mata toda, um templo. SILVA, Padre Antônio da. A comunidade negra e o espaço da celebração litúrgica. *RL* 75, maio/jun. 1986. pp. 18-20. (Sobre o terreiro como espaço litúrgico.)

semelhante podemos dizer que cada ministério litúrgico representa o Cristo presente em nosso meio: no leitor vemos o Cristo falando; nos cantores e instrumentistas, o Cristo louvando o Pai; na equipe de acolhimento, o Cristo acolhendo cada pessoa e chamando-a pelo nome; no acólito, o Cristo servidor de seus irmãos.

Enfim, a própria assembléia é sinal sacramental de Jesus: é o seu Corpo; é sua Esposa; é Templo do Espírito Santo. Em cada irmão e irmã, Cristo nos espera e nos acolhe. Em cada irmão e irmã, ele quer ser reconhecido e acolhido. "Ele está no meio de nós!"

Mais uma vez: os símbolos não funcionam automaticamente: dependem de nossa sensibilidade, nossa atenção, nossa intuição, nossa capacidade de admirar e nos relacionar com Deus e com os irmãos.

10. Usando todos os sentidos

Será que todos os cinco sentidos estão podendo participar em nossas liturgias?

Ouvimos as vozes, o canto e a música, a campainha, os sinos, o silêncio.

Vemos as pessoas, o espaço, os enfeites, os símbolos, os gestos, as cores.

Cheiramos as flores, o incenso.[11]

Provamos o Pão e o Vinho Eucarísticos.

Tocamos as pessoas, a água, o altar, a Bíblia, a cruz.

---

[11] Nas reduções dos jesuítas, queimavam-se perfumes e espalhavam-se águas aromáticas no chão da igreja: LUGON, C. *A República "comunista" cristã dos guaranis* (1610-1768). Rio de Janeiro, Paz e Terra, 1977. p. 227.

Para a reunião da equipe

1) *Façam uma lista das ações, dos gestos ou objetos simbólicos que vão aparecendo na celebração da comunidade, indo do começo ao fim (ritos de entrada, liturgia da Palavra etc.). O corpo está tendo vez? Todos os cinco sentidos estão podendo participar? Quais desses gestos estão se tornando rotina? Quais nos ajudam a viver e expressar, simbolicamente, nossa comunhão com o Senhor?*

2) *As nossas celebrações são ações ou 'falações'? Celebramos fazendo ou apenas falando?*

VI
A SEQÜÊNCIA DA CELEBRAÇÃO

A missa, o batismo, o matrimônio e todos os outros sacramentos são celebrados de acordo com um roteiro e textos preestabelecidos. Não é o caso da celebração da Palavra. Não há textos, nem esquemas fixos. Há plena liberdade e espaço para a criatividade. Infelizmente, essa liberdade é pouco aproveitada. Muitas comunidades simplesmente seguem o esquema da missa "pulando" algumas partes: a consagração, ou toda a oração eucarística, e nem sempre se lembram de tirar também a preparação das oferendas. Outras comunidades simplesmente vão seguindo o folheto que assinam, sem se questionar muito o porquê da seqüência.

Se há, por um lado, plena liberdade, há, por outro, uma certa lógica a observar. Ninguém iniciará a celebração com a comunhão, como ninguém terminará com os ritos iniciais! Diríamos que se trata da lógica da revelação: O Senhor chama e reúne, o povo vem e se apresenta; o Senhor fala, o povo responde professando sua fé e pedindo perdão, suplicando e rezando, louvando e bendizendo; ritos, gestos, símbolos... expressam e renovam a aliança de Deus com o seu povo e a assembléia é abençoada e enviada em missão.

Além dessa exigência teológica, devemos respeitar também a maneira de ser da pessoa humana. É preciso alternar movimento e descanso, palavra e silêncio, expressão e interiorização, concentração e repouso, ação dos ministros e ação da comunidade toda. É preciso criar ritmos. É preciso levar em conta as exigências da comunicação.[1]

E, por fim, devemos levar em conta a tradição. O cristianismo não é recente! Tem uma história de dois mil anos, e se espalhou pelo mundo inteiro, enraizando-se (ora mais, ora menos) em inúmeras culturas. Devemos, portanto, inspirar-nos em exemplos que a história nos deixou.

A própria *Celebração dominical da Palavra de Deus* já fez sua história e a experiência vai nos ensinando a melhor maneira de realizá-la a cada tempo, em cada comunidade. Nas edições anteriores deste livro, desde 1988, apresentávamos sete esquemas básicos. A CNBB, em seu documento nº 52, datando de 1994, apresenta oito deles (Nos Anexos, pp. 45-52) e lembra, no item 54, os elementos que deverão ser devidamente valorizados:

1) reunião em nome do Senhor;

2) proclamação e atualização da Palavra;

3) ação de graças;

4) envio em missão.

Quer me parecer que no momento, sem invalidar os outros roteiros, *dois esquemas básicos* vão se destacando. Apresento-os, num gráfico comparativo, com *variantes* para a terceira parte da celebração. Cada esquema e variante receberão alguns comentários e, em seguida, apresentaremos alguns *destaques* para os vários tempos litúrgicos.

---

[1] Os três parágrafos anteriores foram aproveitados no Doc. 52 da CNBB, itens 51 a 53, com algumas alterações.

1. Dois esquemas básicos

1.1. Celebração da Palavra	1.2. Ofício divino (liturgia das horas)

1) Ritos iniciais
• (Procissão e) Canto de abertura
• Sinal-da-cruz
• Saudação inicial, acolhida
• Introdução ao mistério celebrado
• Recordação da vida
• Aspersão com água
  ou rito penitencial
• Glória a Deus nas alturas...
  (menos no advento e na quaresma)
• Oração do dia
	1A) Ritos iniciais
	• (Refrão meditativo)
	• Abertura do Ofício
	
	• Introdução ao mistério celebrado
	• Recordação da vida
	• Hino
	
	1B) Salmos e cânticos bíblicos
	• (Oração do dia)

2) Liturgia da palavra • Primeira leitura • Salmo de resposta • Segunda leitura • Aclamação ao Evangelho • Evangelho • Homilia — partilha da Palavra • Profissão de fé • Oração dos fiéis	**2) Liturgia da palavra** • Primeira leitura • Salmo de resposta • Segunda leitura • Aclamação ao Evangelho • Evangelho • Homilia — partilha da Palavra • Profissão de fé • (Com ou sem oração dos fiéis)

3) Ação de graças (com variantes)
    1ª opção (simples):
• Louvação
• Pai-nosso
• Abraço da paz
• Oração final
    2ª opção (com a S. comunhão):
• Entrada com o pão consagrado
• Louvação
• Ritos de comunhão (pai-nosso etc.,
  como na missa, menos a fração do
  pão e Cordeiro de Deus)
• Oração final
 	
    3ª opção (com refeição fraterna):
• Louvação com bênção do pão
  (e/ou outros alimentos) seguida de
  pai-nosso e partilha dos alimentos
• Oração final
	3) Ação de graças (com variantes)
	    1ª opção (simples):
	• Cântico evangélico
	• Preces de louvor
	• Pai-nosso
	• Oração do dia
	    2ª opção (com a S. comunhão):
	• Entrada com o pão consagrado
	• Preces de louvor
	• Ritos de comunhão (pai-nosso etc., como
	  na missa, menos a fração do pão e o
	  Cordeiro de Deus)
	• Cântico evangélico
	• Oração final
	    3ª opção (com refeição fraterna):
	• Preces de louvor (ou louvação com
	  bênção do pão)
	• Bênção do pão (e/ou outros alimentos)
	  seguida de pai-nosso e partilha dos
	  alimentos
	• Cântico evangélico
	• Oração final

4) Ritos finais: avisos, bênção e despedida (canto a Maria)	**4) Ritos finais:** avisos, bênção e despedida (canto a Maria)

O primeiro esquema básico é o da celebração da Palavra de Deus. É o mais conhecido e mais usado. Dispensa muitos comentários. Em sua forma mais simples, consta de ritos iniciais, liturgia da palavra, ação de graças e ritos finais. Não constam nem distribuição da sagrada comunhão, nem refeição fraterna. O valor teológico-litúrgico dessa celebração está na presença ativa e transformadora de Cristo e de seu Espírito, na reunião da comunidade em assembléia e na proclamação e interpretação das Sagradas Escrituras. Portanto, após a liturgia da Palavra, bastam a ação de graças, seguida de pai-nosso, abraço da paz, oração final e os ritos de despedida. Menos conhecida é a ação de graças, que merece, portanto, um cuidado especial. Nos ritos iniciais, podemos introduzir a recordação da vida, como se faz no ofício divino.

As variantes, com distribuição da sagrada comunhão ou refeição fraterna, já foram amplamente comentadas no primeiro capítulo.

O segundo esquema básico é o do ofício divino (liturgia das horas), com abertura, recordação da vida, hino, salmodia, cânticos bíblicos, preces de louvor ou de intercessão, pai-nosso, oração, bênção e despedida. O que ganhamos usando este segundo esquema? 1) é mais "gratuito" no louvor ao Senhor; 2) aprendemos a orar com os salmos e cânticos bíblicos; 3) sua estrutura favorece a participação comunitária; 4) o povo vai recuperando uma rica "herança" deixada pelas primeiras comunidades cristãs e que foi se perdendo ao longo da história, ficando somente ao alcance de padres e alguns grupos de religiosos e religiosas; 5) tem igual valor teológico-litúrgico ao da celebração da Palavra, pois o Cristo está ativamente presente quando a comunidade ora e salmodia (SC 7). O que perdemos? Nada, já que se abre um espaço para a liturgia da Palavra, com as leituras do dia, salmo de resposta, aclamação ao Evangelho, homilia, profissão de fé. É possível ainda completar essa forma mais simples com a distribuição da sagrada comunhão, ou com uma refeição fraterna. Neste caso, podemos substituir as preces de louvor pela louvação ou pela "bênção do pão", e o cântico evangélico (de Zacarias, de Maria ou de Simeão) poderá ser deslocado para depois da comunhão ou partilha de alimentos. Quando se fazem as preces de intercessão ou de louvor do ofício, parece melhor eliminar as preces dos fiéis, pois teríamos duas "ladainhas", uma seguida da outra. A oração do dia viria antes da liturgia da palavra e seria feita outra oração "após a comunhão", ou no final da refeição fraterna.

2. Destaques para vários tempos e festas do ano litúrgico

Tempo Comum

> (*Acentuando o caráter pascal do domingo*:)
> - círio pascal aceso;
> - aspersão com água, no lugar do rito penitencial;
> - alegria pelo encontro dos irmãos e pela memória da ressurreição.

Advento

> - Acendimento da coroa do advento, uma vela a mais a cada domingo;
> - rito penitencial;
> - não se canta o *Glória...*;
> - louvação do advento;
> - a partir do dia 15, quando se usa o esquema básico 2 (Ofício divino): roteiro da novena de Natal, com as antífonas do "Ó".

Natal

> - Presépio;
> - canto solene do *Glória...* nos ritos iniciais, ou no final do Evangelho que narra a mensagem dos anjos aos pastores;
> - evangelho cantado, contado ou dramatizado;
> - louvação do Natal, com o *Santo...* dançado.

Epifania ("Santos Reis")

> - Estrela;
> - participação das Folias de Reis, onde houver;

- Evangelho cantado, contado ou dramatizado;
- louvação de epifania, com o *Santo...* dançado.

Quaresma
- Sobriedade na organização do espaço e no canto (se possível, sem instrumentos, a não ser no 4º domingo);
- entrada com a cruz com pano roxo;
- não há o canto do *Glória,* nem *Aleluia;*
- rito penitencial nos ritos iniciais ou após a homilia, relacionando com a Campanha da Fraternidade; poderá ser feito de joelhos, ou com outro sinal de penitência (bater no peito ou curvar-se); poder-se-ia fazer uma ladainha de pedir perdão (como encontramos no ritual da penitência) com uso de *slides*, fotografias, cartazes..., apresentando realidades relacionadas às leituras ouvidas ou com o tema da Campanha da Fraternidade. Após cada invocação, a comunidade canta um refrão apropriado, como, por exemplo: "Pequei, Senhor, misericórdia!", ou "Senhor Deus, misericórdia!"...;
- louvação da quaresma;
- no domingo de ramos: procissão com ramos; leitura da paixão.

Tríduo pascal
- Roteiros próprios para cada dia do Tríduo pascal. (Vejam: BUYST, Ione. *Preparando a Páscoa,* nesta mesma coleção e DS, *Ciclo da Páscoa*; ODC, *Vigília pascal*, pp. 559-565.)

Tempo pascal
- Círio pascal aceso, enfeitado com flores ou folhagens; ou, de preferência à tarde ou à noite, rito de acendimento do círio pascal no início da celebração, acompanhado de uma pequena bênção. A título de exemplo:

Presidência (acende o círio e diz:) "Bendito sejas, Deus, nosso Pai, pela luz de Cristo ressuscitado que clareia as trevas de nosso coração e de nossa mente e ilumina o mundo inteiro. Amém!"

A comunidade aclama com um refrão, por exemplo:

★ *Salve, luz eterna és tu, Jesus, teu clarão é a fé que nos conduz (ODC p. 335).*

★ *Luz radiante, luz de alegria... (ODC, p. 265).*

★ *Ressuscitou de verdade... (Cantos de Taizé, 33).*

★ *Ó..., ressuscitou, glória, aleluia (Cantos de Taizé, 66).*

★ *O Senhor ressurgiu... (ODC, p. 339).*

- rito da água, ligado à profissão de fé, lembrando nosso batismo;
- na festa da Ascensão, louvação própria;
- na festa de Pentecostes, vigília com fogueira; participação das Folias do Divino, onde houver; leituras contadas ou dramatizadas, Evangelho cantado; louvação de Pentecostes, com o *Santo...* dançado.

Festas de Maria e outros Santos, que venham a ser celebradas no domingo

- Coloca-se a imagem de Maria ou do Santo festejado em destaque (porém, jamais sobre o altar).

Para a reunião da equipe

Façam o esquema da celebração dominical da Palavra de sua comunidade. Analisem, comparem com as propostas deste livro, vejam o que seria bom manter, o que seria bom mudar, criar ou variar.

Anexo

ROTEIRO DE CANTOS PARA A CELEBRAÇÃO DOMINICAL DA PALAVRA DE DEUS

1. Abertura; refrão meditativo

A abertura (no caso de se seguir o Ofício Divino das Comunidades), assim como o canto de abertura e eventualmente um refrão meditativo (mantra), segue o tempo litúrgico. Esses cantos podem ser encontrados no Ofício Divino das Comunidades, nos hinários da CNBB e no DS. Indicamos aqui alguns cantos para os domingos do tempo comum, ressaltando o caráter pascal:

★ *Canta, meu povo!*, ODC, p. 266; H3, p. 310.
★ (à noite:) *Luz radiante...*, ODC, p. 265.
★ *Somos gente nova...*
★ *Glorificado seja...*, ODC, p. 382
★ *Nossa alegria é saber que um dia ...*, H3, p. 407.
★ *Ó Pai, somos nós o povo eleito*, H3, p. 410.
★ *Aclame a Deus, ó terra inteira...* (Sl 100), ODC, p. 131.
★ *Ó Senhor, meu Deus, eu te louvarei...* (Sl 116), ODC, p. 149.
★ *Oi, que prazer, que alegria...* (Sl 133), ODC, p. 176.

Se alguma comunidade quiser chamar, dentro dos ritos iniciais, seus santos padroeiros e seus mártires, poderá fazê-lo com uma pequena ladainha dos santos.

2. Aspersão com água

A aspersão com água lembra o nosso batismo, que é ao mesmo tempo conversão, renúncia a toda maldade e ressurgimento para uma vida renovada. Ela nos ajuda a viver cada domingo como páscoa semanal.

★ *Lavai-me, Senhor...*, H3, p. 88.

★ *Nas águas do Jordão mergulhados...*, H3, p. 86.

Há textos e melodias próprias para o tempo pascal:

★ *Eu vi...*, H3, p. 83.

★ *Vi a água saindo do templo...*, H3, p. 85.

★ *Banhados em Cristo somos uma nova criatura,*

as coisas antigas já se passaram, somos nascidos de novo,

aleluia, aleluia, aleluia!

3. Rito penitencial

Pelo rito penitencial, invocamos a bondade e a ternura de Deus, reconhecendo nossas falhas e nossa fraqueza. Mas não é necessário que haja um rito penitencial em todas as celebrações dominicais. É omitido quando se realiza uma procissão mais longa antes da celebração, ou quando houver aspersão com água.

4. Senhor, tende piedade...

Mesmo não tendo rito penitencial, essa invocação a Cristo, como Senhor, é significativa no domingo: ele foi feito *Senhor, Kyrios* pela sua ressurreição (cf. Rm 1,4).

5. Glória

Esse canto veio da celebração do Natal, lembrando o canto dos anjos nos campos de Belém, anunciando o nascimento do Salvador (cf. Lc 2,14). É costume cantá-lo em todas celebrações de domingo, aclamando Jesus como Deus e Senhor, Cordeiro de Deus que tira o pecado do mundo. Mas poderá eventualmente ser substituído por outro canto de louvor. É omitido no advento e na quaresma. Não há necessidade de cantá-lo quando seguimos o roteiro do ODC.

★ *Glória das comunidades*, H3, p. 97.

★ *Glória dos anjos pretos,* H3, p. 99.

6. Refrões para iniciar a liturgia da Palavra

Para marcar o início da liturgia da Palavra, podemos introduzir um solo instrumental (toque de tambor, por exemplo), algum refrão meditativo ou aclamativo que nos ajude a preparar os ouvidos e o coração para acolher a Palavra do Senhor. Principalmente em ocasiões festivas, poderemos fazer uma procissão dançada com a Bíblia. Deveremos escolher um canto que combine com o rito que estamos fazendo.

★ *A Palavra de Deus é a verdade, sua lei é liberdade!*

★ *A Palavra de Deus é luz que nos guia na escuridão, é semente de paz, de justiça e perdão!*

★ *Chegou a hora da alegria, vamos ouvir esta Palavra que nos guia.*

★ *Desça como chuva a tua Palavra, / que se espalhe como orvalho, Como chuvisco na relva, / como o aguaceiro na grama, Amém!*

★ *Envia tua Palavra, palavra de salvação,/ que vem trazer esperança, aos pobres libertação!*

★ *Escuta, Israel, o Senhor é nosso Deus, um é o Senhor! (Shemá...)*

★ *Inclinemos o ouvido do coração, para acolher o Evangelho, atenção, atenção!*

★ *O Evangelho é a boa-nova que Jesus veio ao mundo anunciar!* (bis)

★ *Perto de nós está tua Palavra, que esteja na boca, no coração, na vida de teu povo.*

★ *Que arda como brasa, tua Palavra nos renove, esta chama que a boca proclama!*

★ *Senhor, que a tua Palavra transforme a nossa vida, queremos caminhar com retidão na tua luz.*

★ *É como a chuva que lava, é como o fogo que abrasa, tua Palavra é assim, não passa por mim sem deixar um sinal.*

★ *A Palavra de Deus já chegou, nova luz clareou para o povo; quando a Bíblia sagrada se abriu, todo o povo já viu mundo novo.*

★ *Fala, Senhor, fala da vida! Só tu tens palavras eternas, queremos ouvir!*

7. Salmos e cânticos bíblicos

Nos 150 salmos (e em um grande número de cânticos bíblicos) encontramos algo semelhante a um resumo de toda a Bíblia, de forma orante e cantante. Podemos usar em abundância salmos e cânticos bíblicos em nossas celebrações; há salmos para qualquer situação: louvor e ação de graças, clamor e súplica, alegria e contentamento, tristeza e saudade, solidão e comunhão...

Nas comunidades que usarem o roteiro do Ofício Divino das Comunidades para sua celebração dominical, haverá um ou dois salmos antes da proclamação das leituras bíblicas. Quando o roteiro for de uma celebração da palavra, poderemos usar salmos como canto de abertura, de pedido de perdão, de ação de graças, de louvor, de comunhão...

De modo especial, devemos cuidar do salmo de resposta que acompanha a primeira leitura de cada domingo e que vem indicado no lecionário. Para as comunidades que ainda não têm um repertório muito grande de salmos cantados, indicamos aqui alguns que poderão eventualmente substituir o salmo do dia:

★ *A palavra de Deus é a verdade...* (Sl 19), ODC, p. 36.
★ *Tua bênção, Senhor, nos ilumine...* (Sl 67), ODC, p. 84.
★ *Como o pau-d'arco a florir* (Sl 92), ODC, p. 117.
★ *Bom é louvar o Senhor* (ou: Como é bom louvar o Senhor) (Sl 92), ODC, p. 118.
★ *Quem me segue, não anda nas trevas* (Sl 112), ODC, p. 144, refrão 2.
★ *Salmo 119* (várias partes), ODC, pp. 154-158.

8. Aclamação ao Evangelho

A proclamação do Evangelho é o ponto alto da liturgia da Palavra. Por isso, a aclamação que antecede deve ser um canto vibrante. Costuma antecipar o próprio Evangelho, tirando dele um ou outro verso; por isso, é bom olhar o lecionário ou o hinário que já traz essa escolha do versículo do Evangelho. Pode vir acompanhado de dança e procissão, enquanto todos se agrupam em torno da estante. A mesma aclamação costuma ser repetida no final do Evangelho.

9. Canto após a homilia

Depois de termos ouvido as leituras bíblicas e de ter tirado na partilha da Palavra, na homilia, uma palavra viva para a nossa vida aqui e agora, caberia eventualmente um canto que de certa forma retome a temática do Evangelho e da homilia. Vejam vários exemplos no H3, pp. 325-333. Neste caso, poderemos ficar sem cantar a profissão de fé.

10. Profissão de fé

Embora a profissão de fé não seja propriamente um canto, poderá de vez em quando ser cantada.

11. Oração da comunidade

Nas preces, a comunidade eleva o coração e sua mente a Deus, implorando pelas necessidades do mundo todo. É importante que a resposta a cada intenção seja cantada:

Senhor, escuta(i) a nossa prece.

(Vejam também a lista no ODC, pp. 449-450.)

12. Coleta

Numa celebração do domingo ao redor da Palavra de Deus não há preparação das oferendas, como se faz na missa, trazendo o pão e o vinho. Mas podemos trazer nossas ofertas para a partilha na comunidade, ou trazer símbolos que representam a vida que queremos oferecer a Deus:

Os cristãos tinham tudo em comum...

Quem disse que não somos nada...

13. Ação de graças, louvação

O motivo da reunião dos cristãos no domingo é a morte-ressurreição do Senhor, ponto central de nossa fé. Por isso, em nenhuma celebração dominical deve faltar a louvação a Deus, agradecendo por esse mistério de nossa fé. Não tendo celebração eucarística, cantamos uma louvação feita especialmente para isso, ou criamos algum outro tipo de louvor e ação de graças, porém, sempre tendo como motivo Jesus, sua morte-ressurreição e nossa ligação a ele (mistério pascal).

Nós te damos muitas graças, ODC, p. 269; H3, p. 437.

Há muitas louvações para cada tempo do ano litúrgico (procurem: DS, H1, pp. 73-75; H2, pp. 97-104; H3, pp. 71-76). Há outras tantas melodias espalhadas por aí.

14. Canto para pedir ou desejar a paz

Shalom! A paz esteja com vocês: este é o cumprimento do Ressuscitado nos encontros com os discípulos relatados nos Evangelhos. "Paz" é o que temos de mais importante a desejar uns aos outros. Se quisermos, poderemos cantar antes, durante ou depois do abraço da paz... (Embora fique difícil fazer as duas coisas ao mesmo tempo...)

15. Pai-nosso

O pai-nosso não é propriamente um canto, mas uma oração. Nada impede, no entanto, que o cantemos. Existe a versão católica dessa oração e existe também a versão ecumênica que temos em comum com as outras igrejas cristãs (vejam no ODC, p. 655). Existem alguns cantos que começam dizendo "Pai-nosso", mas que não são propriamente o texto bíblico da oração que Jesus nos ensinou (o "pai-nosso dos mártires"). É melhor deixar esses cantos para um outro momento da celebração.

16. Apresentação do pão eucarístico

Para ser uma celebração litúrgica completa, não é preciso a participação na comunhão eucarística: a participação na assembléia e na liturgia da palavra já é comunhão com o Senhor. No entanto, muitas comunidades têm o costume de distribuir na celebração do domingo ao redor da Palavra de Deus o pão consagrado em outra missa. Para dar um destaque maior a esse momento, podemos cantar a apresentação do pão consagrado em vez de simplesmente dizê-la:

Felizes os convidados para a ceia do Senhor... (Haddad, Celebração da esperança).

Nós somos muitos..., ODC, p. 439; H3, p. 300.

Quem me segue não anda nas trevas, mas terá a luz da vida.

17. Cantos de comunhão

Quando houver distribuição do pão consagrado, esta certamente virá acompanhada de algum canto. O que cantar nesse momento? Dois tipos de canto deveriam ter a nossa preferência. Antes de tudo, um canto que retome de alguma forma o Evangelho do dia; o H3, nas pp. 247-290, oferece cantos de comunhão acompanhando os Evangelhos de todos os domingos dos anos A, B e C do lecionário. Mas podemos cantar também qualquer canto que expresse aquilo que estamos fazendo: comendo o pão consagrado em memória de Cristo, entrando e reforçando nossa comunhão de vida com ele, e nele:

Eu quis comer esta ceia agora..., Waldeci Farias.

A mesa tão grande e vazia..., ODC, p. 391.

Eis o pão da vida..., H3, p. 351.

É bom estarmos juntos..., H3, p. 435.

Um cálice foi levantado..., Reginaldo Veloso.

18. Cantos para a refeição fraterna

Nos domingos em que não há como celebrar a missa, nem fazer a distribuição do pão consagrado, muitas comunidades fazem uma refeição fraterna como parte da celebração. É possível escolher algum canto que expresse esse momento, mas podemos também ficar sem cantar, nos concentrando na partilha.

19. Hino de louvor — Cântico de Zacarias, Maria, Simeão...

Depois da comunhão ou depois da refeição fraterna, antes de nos despedirmos e voltarmos à missão, cabe mais um canto de louvor, principalmente quando seguimos o esquema básico 2 (Ofício Divino), com distribuição da comunhão ou refeição fraterna. Os mais indicados são os três cânticos evangélicos que encontramos no Evangelho de Lucas: o cântico de Zacarias (para ser cantado de manhã), o cântico de Maria (se a celebração for à tarde), o cântico de Simeão (à noite). Os três cânticos se encontram no ODC, pp. 233-241.

20. Bênção, despedida, envio...

A celebração é um momento festivo, comunitário, que expressa e alimenta a nossa fé. Mas para vivermos como cristãos, não basta participar das rezas e das celebrações: é preciso viver nossa fé no dia-a-dia e dar testemunho de Jesus Cristo, o Ressuscitado, em nossa vida pessoal, familiar e social. Por isso, terminamos a celebração de domingo com uma bênção e um envio em missão. Temos algumas melodias bem adequadas a esse momento:

Glória seja ao Pai...

Louvado seja Nosso Senhor Jesus Cristo...

A bênção do Deus de Sara, Abraão e Agar..., ODC, p. 450.

21. Homenagem a Maria, mãe de Jesus

Muitas comunidades gostam de terminar a celebração do dia do Senhor lembrando e homenageando a mãe de Jesus, que o acompanhou em todo momento e que é também mãe da Igreja, mãe da comunidade. Podemos nesse momento final da celebração nos voltar para a imagem dela e cantar um canto a Maria, conhecido da comunidade, por exemplo:

Com Maria em Deus exultemos..., ODC, p. 366.

Mãe do céu morena..., ODC, p. 366.

Negra Mariama..., ODC, p. 362.

ÍNDICE TEMÁTICO

Abraço da paz 38; 39; *53-55*; 83; 96; 100; 127
Ação de graças 32; 33; *102-108*; 132-134; 145
Ações simbólicas *116-130*
Aclamações *86-87*; 132-134; 143
Acolhimento *51*
Ágape (vejam; Refeição fraterna)
Aspersão com água *64*; 109; 132-134; 140
Assembléia, reunião 28; 47; *49-69*; 129; 132
Atitudes do corpo *123-127*
Avisos *59*

Beijo do altar 125-*126*
Benção 52; 63; *112-113*; 147; vejam também ação de graças
Bíblia 24; *69-81*; 120-121; 126; 127; 141

Cânticos 85; 142-143
Canto e música 53; 58; 61; 62; 74; 106-108; *108-110*; 113-114; *139-148*
Círio pascal 62; 127; 135; 136
Coleta (oração) *100-102*
Coleta (de dinheiro etc.) 38; *55-59*; 144
Comunhão *37-43*; 83; 127; *146*
Cordeiro de Deus 39; *95*
Cruz, sinal-da-cruz *62*; 64; 112; 122; 126

Dança *125*; 135; 136; 137; 141; 143
Diácono 35; 36; 39; 45; 67; 112
Dinheiro (dízimo, espórtula) 56; 59

Entrada *62-66*; 123; 84; 95; 96-97; 109
Entrosamento 52; 59; 81
Equipe de liturgia 66; 78; 79; 129
Estante da palavra 34; 72; 74; 120; 126; 127; 143

Gesto *123-127*
Glória 85; 106; 108; 109; 135; 136; 141

Hinos *83-86*
História 69; *74-77*
Homilia 55; 67; 71; 73; 87-88; *76-79*; 98-100; 109; 111; 144

Incenso *126*; 129
Intenções *90*; *94-95*
Intercessão *88-96*; 134

Ladainha *88-96*; 99; 107; 135; 140
Lecionário 72; 143; 146
Leitor *73-74*; 129
Leitura 34; 35; 36; 52; 61; 71; *72-74*; 96-100; 111-113; 123-124
Leitura orante *(lectio divina)* 69
Liturgia das Horas (vejam: Ofício divino)
Louvor, Louvação 43; 67; *102-109*; 134; 135-137; 145

Maria *113-114*; 128; 134; 137; 147; 148
Mantra (vejam: Refrão meditativo)
Ministérios, ministros 20; 22; 33; 38; 39; *65-68*
Ministro extraordinário da comunhão eucarística *37-43*
Mistério pascal *30-32*
Mulheres 33; 39; 68
Música (vejam: Canto e música)

Nossa Senhora, veja: Maria

Objetos simbólicos 57; *117-130*
Oferenda, oferta, ofertório 38; 54; *55-59*; 101; 144

Ofício divino 67; *133-135*
Oração 53; *81-115*
Oração após a comunhão 40; 100-102
Oração dos fiéis 53; 59; *88-95*
Oração sobre as oferendas 101

Pai-nosso *81-83*; 145
Palavra de Deus 34-36; *69-81*
Participação *30-32*
Partilha da Palavra (vejam: Homilia)
Preces *88-96*; 134-135; 144
Presidência *66-68*
Procissão *125*
Profissão de fé *87-88*

Realidade, ver: História, Vida
Recordação da vida (vejam: Realidade)
Refeição fraterna *43-47*; *147*
Refrão meditativo *86-87*
Rito penitencial 64; *96-100*; 124; 135; 136; 140
Ritos iniciais *62-64*; 134; 135; 139

Salmos 72; *83-84*; 134; 142-143
Salmo de resposta *74*; 142-143
Saudação *63-64*
Santo, Santo, Santo 85; 107; 108; 109-110
Santos 60; 73; 95; 96; 128; 136; 140
Senhor, tende piedade *95*; 97; 109; 141
Seqüência da celebração *131-137*
Silêncio *110-111*
Símbolos (vejam: Ações simbólicas, Objetos simbólicos)
Sinal-da-cruz *62*; 112-113; 126

Vela 62; 120; 126; 134
Vida 20-24; 30-32; *74-77*; *79*

Impresso na gráfica da
Pia Sociedade Filhas de São Paulo
Via Raposo Tavares, km 19,145
05577-300 - São Paulo, SP - Brasil - 2006